Claude Duneton
avec la collaboration
de Frédéric Pagès

A hurler le soir
au fond
des collèges

L'enseignement
de la langue française

Éditions du Seuil

EN COUVERTURE : dessin Daniel Maja

ISBN 2-02-008946-7
(ISBN 1ʳᵉ publication : 2-02-006766-8)

© ÉDITIONS DU SEUIL, MARS 1984

Mot au lecteur

En février 83, j'ai proposé à Claude Duneton une interview sur l'enseignement du français. A cette époque, la conscience nationale se trouvait comme barbouillée. Une légère indisposition, provoquée par ce constat, apparemment sans appel : les petits Français sont nullissimes en français. Les médias répercutaient le spasme — émissions, débats passionnés — et, un soir, je captai dans mon poste Duneton, invité à s'exprimer sur l'apprentissage de la lecture, la dysorthographie, les instructions officielles et le reste, en quelques minutes, entre deux spots publicitaires. Il avait juste eu le temps de placer une ou deux remarques. Ça ne faisait pas tout à fait le compte. Je lui ai donc proposé de se mettre à table, quelque temps plus tard, devant un micro, sans un regard à la pendule. En fin de compte, ce qui devait être une interview est devenu ce volume.

Bien entendu, nous avons retravaillé à partir de la première transcription de notre entretien. Non seulement le texte final a été fouillé, rediscuté, mais entièrement récrit. Nous nous sommes mis, l'un et l'autre, à la recherche de documents susceptibles d'enrichir notre propos, et que nous ne sortions pas de notre poche au cours de la conversation... Mais nous avons tâché de conserver le ton et l'humeur de nos discussions. Certains passages sont effectivement très proches de la bande « originale », d'autres se trouvent entièrement restructurés.

Frédéric Pagès.

Introduction...
du doigt dans la plaie

Le niveau baisse

PAGÈS : Le point de départ, c'est, comme on dit dans les salles des profs : « Le niveau baisse. » On assiste en effet à une espèce de dissolution : tout le monde se plaint que les jeunes n'apprennent plus le français comme autrefois. Les gens se sont sans doute toujours plaints : si l'on n'apprend pas les mêmes choses que par le passé, on n'apprend plus rien !... Mais cette fois, ça a l'air vrai. Il suffit de jeter un coup d'œil sur une copie de bac, ou même de licence, pour se rendre compte que les futurs cadres de la nation ont de sérieux problèmes avec la syntaxe et l'orthographe du français. Pour ne rien dire des autres, ceux qui constituent le « milieu du tableau »... Est-ce qu'il y a une explication ?

Le temps des fignoleurs

DUNETON : Je pense qu'il n'y a pas d'enseignement du français.

PAGÈS : ...?...

DUNETON : Oui, dans les anciens lycées, autrefois, il existait des classes que l'on appelait « de grammaire » : les quatre classes du premier cycle, de la sixième à la troisième. On y apprenait essentiellement le latin — à jongler entre le français et le latin. Sans oublier l'entraînement des champions à l'exégèse et à l'adoration des textes anciens, des textes dits « classiques » justement parce qu'on devait les étudier « en classe ». Mais ces jeunes gens n'étaient pas là pour apprendre le français : ils le savaient déjà en arrivant, heureusement !... Avant d'entrer en sixième, sans quoi ils n'auraient pas pu faire du latin. Ce n'est qu'après la guerre de 39-45 qu'on a créé des sections sans latin, des sections dites « modernes », qui sont demeurées minoritaires assez longtemps. Mais l'enseignement s'adressait toujours à des gens qui connaissaient la langue, orale et écrite — qui la connaissaient beaucoup mieux en entrant que certains ne la connaissent aujourd'hui au niveau du bac. La preuve c'est qu'il y avait des examens pour s'en assurer... L'examen d'entrée en sixième. Pour les pauvres ça s'appelait les bourses. Pour avoir droit à des études gratuites, il fallait mériter l'aide de l'État. On passait donc un examen — que dis-je, un examen ! un concours... Il n'y en avait pas pour tout le monde. Le concours des bourses : on ne prenait que les meilleurs. Enfin on vérifiait de manière implacable que les enfants qui entraient en sixième connaissaient parfaitement le français. D'abord !... L'orthographe par exemple. C'était une condition d'accès au lycée, la connaissance de l'orthographe. Essentielle — éliminatoire !... Une connaissance que les gens qui *sortent* du lycée aujourd'hui n'ont pas, ou très rarement. Dans ces conditions, les profs de français n'avaient plus qu'à fignoler. C'était pas des profs mais des fignoleurs. M. le Fignoleur Untel... Du reste, ils s'appelaient professeurs de lettres, pas « de français ». Tout ça en vue de la dictée de Mérimée : pour que les cuisseaux et les cuissots fussent parfaitement orthographiés [1]... Car il faut bien se rendre compte que l'immense majorité de ceux qui entraient alors en sixième appartenait à des familles cultivées, ou du moins des familles où l'on parlait le français. Français et pas tourangeau ! Pas basque non plus, pas arabe ni morvandiau, pas portugais de toute façon. Et puis il y avait les classes du « petit lycée » pour eux, qui parfaisaient l'enseignement familial : douzième, onzième, dixième, etc., en remontant vers la sixième précisément. Voilà... Pour les autres — la masse de la population française — il y avait l'école primaire. Ils n'allaient pas au lycée déranger les maîtres, ils allaient au travail. Chez les contremaîtres !... Sauf une élite minutieusement triée sur le volet qui pouvait accéder en sixième, sur concours. J'ai dit : le fameux concours des bourses. C'était la bourse ou la vie... active, quoi ! Ah ! il fallait faire moins de cinq fautes ! Cinq fautes, c'était éliminatoire. En fait, pour avoir quelques chances de réussite, il ne fallait pas faire plus d'une faute par page. Une petite faute dans une page manuscrite d'un français souvent assez tarabiscoté. On ne choisissait pas le tout-venant d'un auteur... Un concours, n'est-ce pas ? Il fallait connaître sur le bout du doigt l'imparfait du subjonctif — à cause de l'accent circonflexe !

Aujourd'hui, on croit rêver. Ce type d'élève n'existe plus. Presque plus du tout — quel que soit son milieu d'origine... Mais ce que j'ai observé, en revanche, c'est que l'idéal de formation du prof de français, lui, n'a pas changé d'un poil. Immuable. Il est toujours censé être un prof de littérature, un prof de grammaire... un fignoleur. Mais il n'est certainement pas un professeur de langue, ni dans l'esprit ni dans les faits, au sens où il y a bien des profs de langues vivantes : anglais, etc. Ces gens étaient autrefois des profs de littérature, aussi... Leur souci n'était pas d'enseigner réellement

---

1. Orthographiés ici après coup, avec l'aide d'un dictionnaire.

l'anglais comme langue vivante — ce qui aurait été absurde
—, mais de faire pénétrer leurs élèves dans la littérature
anglaise, allemande... Ces gens se sont transformés au cours
des vingt-cinq dernières années en professeurs de langues
vivantes. Ils ont décidé d'apprendre à parler, à comprendre,
et à écrire un peu, l'anglais ou autre chose. Très bien ! Les
conditions, les besoins avaient changé — radio, télé,
voyages, etc. Le travail également : en électronique, on parle
anglais. Bref, ils sont devenus de réels profs de langues.
Souvent très efficaces. Ils sont allés jusqu'à l'abandon
complet de la littérature...

PAGÈS : Ce n'est pas tout à fait la même chose !... Le prof de
français s'adresse à des élèves qui ne sont pas des débutants,
mais qui baignent au contraire dans leur langue maternelle.

DUNETON : Je ne dis pas que le parallèle soit à faire
exactement, ni que l'on doive calquer quoi que ce soit sur
leurs méthodes en ce qui concerne l'enseignement du français — langue maternelle. Je dis qu'aucune transformation
n'a été faite, ni envisagée, ni même pensée, pour faire face à
une situation radicalement différente. On n'a pas créé un
prof de langue française qui puisse enseigner la langue
française à des enfants qui ne la connaissent pas — ou, plus
exactement, qui ne connaissent pas la même ! Car ils ont une
langue, ils savent le français : seulement c'est un *autre*
français ! C'est là justement le cœur du sujet... On a continué
avec les fignoleurs de littérature et de grammaire sans même
leur signaler, sans les avertir, les malheureux, que leur
métier changeait radicalement. Pas un signe ! Ils ont dû
s'adapter comme ils ont pu à ces nouvelles générations
montantes. Générations grimpantes ! Envahissantes !... Ils se
sont trouvés poussés. Certains avec étonnement, d'autres
avec panique... Ils ont abandonné par-ci par-là des exercices,
des exigences. Certains ont capitulé carrément ; d'autres se

sont accrochés comme des malades à des structures devenues impossibles... avant de partir à la retraite. Le repos du guerrier !... Tout ça dans une pagaille effroyable. Digne de donner de l'effroi à l'adolescent le plus hardi ! Et non seulement les enseignants en place n'ont pas été avertis, mais les nouveaux non plus — ce qui est tout de même grave ! Pendant ce temps, leur formation universitaire, inchangée, est devenue à peu près sans objet pour le travail qui est à faire, sans que personne signale... la panne ! Ou la fuite, comme on veut... On les lâche dans les classes pour leur faire dégobiller leurs connaissances, comme en 14 !... Je sais, ils s'adaptent — à leur tour. Ils passent le plus clair de leur temps à s'adapter... Bien ou mal. Quelques-uns brillamment. Ils colmatent. Mais toujours sans aucun but précis, et sans moyens.

Et le niveau continue à baisser ! Dangereusement. C'est la panique ! Le tonneau des Danaïdes... Les pauvres bonnes femmes ! Et ce qui finit d'affoler le système, c'est que la hiérarchie continue de fournir ses directives, souvent contradictoires. Car ce qui est conservé dans l'esprit d'une partie de la hiérarchie — pas toute, mais justement, c'est sans accord —, c'est que l'enseignement du français, en France, est destiné, comme jadis, à préparer les grandes écoles. Les khâgnes, c'est tout. Le but suprême... On regarde, en haut lieu, le même horizon de la ligne bleue des Vosges, toujours. Sans l'avouer tout à fait... Voilà la situation telle qu'elle est : opaque.

A partir de là, il y a, à mon avis, deux séries d'analyses à faire. D'abord une analyse en profondeur de ce que l'on entend par « français à enseigner ». En quoi consiste réellement la langue que l'on s'efforce de transmettre actuellement aux jeunes générations... sans y parvenir ? La seconde série de réflexions consisterait à se demander ce que devrait être, en définitive, la langue à enseigner. Se donner une vraie philosophie de la chose, qui n'existe pas à l'heure actuelle... Ce qui poserait la question de la formation de profs de français qui soient d'abord des profs de langue — et pas les desservants d'un culte tellement désuet que tout le monde a oublié en quoi il consiste ! Voilà... C'est une sorte d'introduction. C'est même le doigt dans la plaie.

PREMIÈRE PARTIE

Au nom du mythe

1

Les barbares du carrefour

Le barbarisme de bonne-maman

DUNETON : Quand les élèves rédigent leurs « rédactions », ils
doivent obligatoirement laisser une grande marge, toujours à
gauche de la feuille, afin que les maîtres, en corrigeant,
puissent y déposer leurs remarques sanguinolentes au crayon
rouge... Dans ces marges, on trouve donc des choses
diverses, souvent curieuses, et quelquefois extrêmement
rigolotes. Autrefois on pouvait lire des indications un peu
sèches, qui ont tendance à disparaître au profit de commen-
taires plus copieux, comme « solécisme » — qui fait penser à
une chanson : « Ô solécisme ! » Et aussi le maître mot des
anciennes versions latines : « barbarisme ». Là, c'est beaucoup plus grave : on voit se profiler les fers de lance et les
ossements attachés dans les chevelures ! Oui, le barbarisme
est l'indication d'une erreur en latin ; ça désigne une tournure
ou un mot qu'aurait employé un barbare, c'est-à-dire, au
sens propre, un « étranger » à la latinité.

BARBARISME s. m. (rad. *barbare*). Les Grecs et les Romains
avaient l'habitude d'appeler *barbares* tous les peuples qui ne
parlaient pas leur langue : de là est venu le mot *barbarisme*,
employé d'abord chez eux pour désigner les expressions
barbares, inusitées. Le *barbarisme* est, en langage grammati-

cal, une faute contre la pureté du langage, un tour étranger à
la langue qu'on parle. On fait un barbarisme : 1° en
employant un mot qui n'est adopté ni par l'usage, ni par les
bons écrivains : par exemple, *élogier*, au lieu de *louer ; par
contre*, au lieu de *au contraire ; colidor*, au lieu de *corridor*,
etc. ; 2° en prenant un mot dans un sens qui n'est pas le sien,
enfilade, pour *estafilade ;* ce cheval a pris *la mort aux dents*, au
lieu de *le mors aux dents ;* 3° en mettant un adverbe à la place
d'une préposition, *dessus la table*, pour dire *sur la table ;* 4° en
mettant des prépositions, des conjonctions ou d'autres mots
où il n'en faut pas, en employant ceux qu'il faut omettre ou
en omettant ceux qu'il faut employer, *il ne manquera* de faire
son devoir, au lieu de *il ne manquera pas ; les père et mère*,
sont obligés, au lieu de *le père et la mère*, etc. ; 5° en donnant
à un mot un genre ou un nombre que l'usage lui refuse,
comme *belles ongles*, au lieu de *beaux ongles ; bonheurs,
chastetés*, mis au pluriel, ou *catacombe, funéraille*, mis au
singulier ; 6° en terminant un mot autrement que ne le veut la
grammaire, comme *yeux de bœuf*, pour *œils de bœufs ; ails*,
pour *auls*, etc. ; 7° en donnant aux verbes des formes
contraires à celles de leurs temps, comme en écrivant *il soye,
il aye*, au lieu de *il soit, il ait ; vous médites, vous contredites*,
au lieu de *vous médisez, vous contredisez ;* 8° enfin, il est un
nombre infini de barbarismes qui émaillent la conversation
des gens qu'on appelle *des gens comme il faut*, et qui
échappent, par leurs variétés comme par leurs monstruosités,
à toute espèce de classification [1].

En français tu vois un peu le sous-entendu gratiné : les
barbares de Perpignan, de Saint-Lô, venant causer français...
Les barbares de l'intérieur ! De Belleville et de Boissy-Saint-
Léger... Ça paraît un détail amusant, idéologiquement c'est
pourtant énorme, ça signifie : il ne faut pas écouter la langue
— surtout ne pas tenir compte de ce qui se dit, de la manière
dont les gens parlent autour de vous. Tous des sagouins, des
barbares ! Cela veut dire que la langue française d'usage est a
priori fautive, une horreur ! C'est là une absurdité linguistique, sociologique, tout ce qu'on veut, peu importe, c'est le

1. La Châtre, *Dictionnaire universel*, 1854.

rite. Tu me diras : le terme « barbarisme », on ne l'emploie plus guère dans les copies de français... Justement! C'est pire!... C'est bien plus dangereux. Car l'idée qu'il recouvre, qui était claire et nette — qu'on pouvait discuter au moins —, elle demeure, intacte, mais elle s'est fondue dans le paysage... Elle existe, elle est là, elle n'a rien perdu de sa force dans la tête des gens — mais on ne la reconnaît plus. Elle n'a plus de nom, elle travaille en douce... Elle s'avance masquée. Comprends-tu, un élève, mettons de seize ans, qui verrait « barbarisme » en face de *par contre,* souligné en rouge et remplacé par *en revanche,* il poserait aujourd'hui des questions. « Comment, dirait-il, mon père qui est ingénieur, ma mère qui n'en pense pas moins, et qui a fait une licence d'histoire avant de m'apprendre à parler, sa sœur qui est pharmacienne, tous les gens que nous fréquentons disent *par contre* en toute circonstance — ce sont donc à votre avis des " barbares "?... Cher professeur, expliquez-moi, je vous prie, je ne comprends plus : que voulez-vous dire au juste?... » Tu verrais quelqu'un de bien embêté : expliquer quoi? Au juste? Qu'il existe une langue idéale, un mythe quelque part, un catalogue divin où *en revanche* est enregistré, mais que *par contre,* par contre... Une classe lui rirait au nez, à ce pauvre maître! Or que se passe-t-il? Eh bien, la plupart des profs continuent de barrer *par contre,* surtout dans les copies d'examen — et surtout d'ailleurs par une sorte de crainte mutuelle de la délation : ils ont peur qu'on les accuse de ne pas connaître le truc s'ils le laissent passer... Seulement, au lieu du bon vieux « barbarisme » à l'ancienne... le barbarisme de bonne-maman!... ils mettent « mal dit », ou bien « incorrect ». Pourquoi mal dit?... Allez savoir! Parce qu'il faut dire *en revanche* — et puis voilà, et tout est dit !

Pardonnez-moi, mon prof,
car j'ai beaucoup péché

Ce qu'on lit aujourd'hui dans les marges, c'est « lourd », « malheureux », « très mal dit », « peu clair », « maladroit », etc. C'est très intéressant de se pencher sur ces termes plus « modernes ». La plupart du temps, ces annotations révèlent ce que le correcteur a dans la tête, elles permettent de savoir quelles sont ses références implicites, dont il n'a généralement pas clairement conscience lui-même. Son idée de la langue. Une idée éminemment variable au demeurant, car s'il lit la même phrase dans le journal, il n'aura pas cette impression de « mal dit ». Il rencontrera la phrase dans un bouquin sans la remarquer. Mais, dès l'instant qu'une phrase un tant soit peu familière, c'est-à-dire ordinaire, est écrite par un élève, ça crée une réaction de peur chez le prof. Cette peur lui fait même trouver familières des tournures qui ne le sont pas du tout — voire des expressions qui ont un glorieux passé littéraire. Ça arrive ; c'est très curieux. Comme une sorte de réflexe... On dirait qu'il y a un plan zéro, une surface où doit s'étaler la langue de l'élève. Si la phrase ne s'inscrit pas dans ce niveau zéro, le prof culpabilise. Surtout parce qu'il s'agit de son propre élève. C'est le reflet de sa propre peur, la crainte qu'il a d'une déviance par rapport à une phrase idéale, écrite dans une langue idéale, qui est quelque part dans sa tête sans qu'il l'ait jamais analysée.

PAGÈS : On en arrive à la notion presque religieuse de « faute » de français... au lieu d'erreur de français.

DUNETON : Oui. D'ailleurs tous les élèves devraient écrire en exergue de leurs copies : « Pardonnez-moi, mon prof, car j'ai beaucoup péché. » C'est tellement subjectif que si la copie provient de l'élève de quelqu'un d'autre, elle peut ne pas être jugée de la même façon... C'est une des raisons qui expliquent les différences d'appréciation fabuleuses qu'on rencontre dans les examens — les écarts de notation entre un correcteur et son voisin... Écarts qui peuvent aller de 6 à 16 sur 20 pour une même copie, d'après une étude que j'ai lue il y a quelques années.

Encore heureux qu'on allait vers l'été

Il y a trois ans, j'ai un peu travaillé sur des corrections de copies en compagnie d'Annie Dupart, linguiste, qui a soutenu une thèse de 3e cycle sur ce sujet[1]. Elle donne dans son corpus toute une série de copies corrigées qui sont parfaitement banales et ressemblent aux centaines de milliers de copies qui passent tous les ans par le crayon à bille rouge des correcteurs... Je prends un premier exemple, que l'auteur de la thèse commente longuement — une élève de quatrième a écrit dans un devoir sur les avantages et les inconvénients de la vitesse : *Et pourtant il faudrait savoir s'arrêter au moins pendant le mois de vacances, lâcher sa voiture et prendre de nouveau le temps de vivre, de regarder la nature, de l'écouter et de s'écouter*[2]. Il ne s'agit pas d'une pensée prodigieusement originale, disons que la gamine traduit la tendance du moment, l'aspect « qualité de la vie » qui était à l'ordre du jour il y a quelques années... Une phrase comme on pouvait en lire dans les magazines :

1. *Pédagogie et Enseignement du français*, thèse de 3e cycle, Paris-VII, 1982.
2. *Ibid.*, en annexe, devoir n° 3, p. 222.

raisonnable, claire, bien équilibrée. Problème : où est le
« mal dit » là-dedans, que le correcteur a souligné, et
mentionné dans la marge ? Ça pourrait être un jeu : trouver
l'erreur !... Un jeu assez difficile, parce que la solution, à
première et même à deuxième lecture de la phrase, est loin
d'être évidente... C'est le mot *lâcher* qui n'a pas plu au
professeur ! Il l'a souligné d'un trait ondulant (voir le
document 1 à la fin du chapitre) et corrigé dans la marge par
« mal dit : *abandonner* ». *Lâcher sa voiture* a fait peur au
prof parce que c'est de la langue courante, même s'il se
trouve qu'en l'occurrence c'était le mot le plus juste, le plus
correct, précis et imagé, que l'élève pouvait employer. « De
la confrontation avec le Robert — commente Annie Dupart
—, il résulte que *lâcher* caractérise " une action soudaine ".
Définition mise en lumière par une phrase de l'abbé Prévost : *C'est Lescaut, dit-il, en lui lâchant un coup de pistolet.*
Et dans le sens de " quitter ", le Robert donne le synonyme
abandonner. [...] Tout naturellement, le Robert fournit
l'expression *lâcher la proie pour l'ombre*. Et récidive à citer
Zola : *Lâchant l'école pour le labour.* Exactement le sens de
la phrase de Caroline [l'auteur de la copie] ! *Il faudrait...
savoir lâcher sa voiture et prendre de nouveau le temps de
vivre* [1]. » — Il est clair que le prof ne sanctionne le mot que
parce qu'il se trouve dans une copie d'élève : dans tout autre
« support », un journal, un livre, il ne l'aurait évidemment
pas remarqué. C'est dans cette crainte fantasmatique que le
mot ne soit pas au « bon » niveau, tout à coup, pas au niveau
de la « langue idéale », que réside le problème fondamental... Les barbares sont dans la plaine ! J'ajoute qu'il s'agit de
son élève aussi : il n'est pas du tout certain qu'il l'aurait
souligné dans la copie d'un élève inconnu. En plus il
substitue lui-même le verbe *abandonner ;* mais *abandonner
sa voiture* ne veut pas dire tout à fait la même chose. *Lâcher* a

---

1. *Ibid.*, p. 36.

quelque chose de provisoire, dans le contexte, de reposant...
Il lui préfère *abandonner* parce que le mot est plus banal,
dont rassurant, sans se soucier du sens de la phrase... Il suffit
que le mot soit abstrait et qu'il ne fasse pas image, surtout !
Qu'il corresponde au niveau zéro de l'écriture scolaire pour
être acceptable. Cette réaction désolante est à peu près
unanime dans le corps enseignant de la France entière ; ce
n'est ni une bizarrerie individuelle ni une vague passagère,
c'est une tradition solidement établie. J'ai là des copies de
troisième qui datent de cette année, et qui proviennent d'un
secteur géographique très éloigné de la région parisienne où
a été collecté le corpus traité par Annie Dupart. On peut
continuer à jouer aux devinettes avec la phrase suivante,
écrite par Sophie le 8 mars 1983 (elle parle du collégien, qui
devrait s'estimer heureux de son sort) : *Malgré ses petits
problèmes à lui, qui parfois le tracassent, il ne se doute pas que
plus tard ses petits problèmes deviendront grands et lui
causeront beaucoup de soucis.* Je dois avouer que j'ai cherché
un moment, parmi les traits rouges signalant une orthographe défaillante, celui qui pouvait souligner le « pléonasme » indiqué dans la marge !... Il s'agit de *à lui* dans
l'expression *ses petits problèmes à lui* — je suis désolé de dire
que le « pléonasme » est ici tout à fait nécessaire au sens,
mais là encore l'aimable familiarité de la phrase entendue
alarme le correcteur. Une autre copie, du 2 mai 1983,
commence ainsi : *L'an 2000 : une belle époque pour « flemmarder » ! Malheureusement l'homme pense avant tout à son
confort personnel, mais les rapports humains, y pense-t-il ?*
Évidemment, *flemmarder*, pourtant entre guillemets dans la
copie, est souligné avec la mention « familier », mais la fin de
la phrase est commentée par « incorrect ». Heureusement la
« correction » faite en classe fournit la clef de ce qui serait
une énigme — il fallait écrire en respectant l'ordre sacro-
saint de ce qui est le français scolaire, les compléments après
le verbe : ... *son confort personnel, mais pense-t-il aux*

rapports humains ? Il est évident que de telles annotations
supposent chez les professeurs une idée de la langue à
employer dans les copies que l'on a, de l'extérieur, un peu de
mal à cerner. Annie Dupart commente de manière sarcasti-
que ce qu'on pourrait appeler une « attitude générale » :
« Les profs, fidèlement à l'idée qu'ils se font de leur tâche
éducative, se fixent pour but : la " maîtrise " de l'expression.
Serait-ce par la privation de certains de ses ressorts ?
Apparemment, venant d'un élève, les mots doivent être
utilisés dans un contexte où ils apportent clairement un sens
respectueux. Abstrait de préférence. De définition large par
nécessité, pour être générale. Et de sens propre. On s'explique le style terne, scolaire ! Il est terriblement comique que
les élèves se le voient sempiternellement reprocher... " Pauvre "... " Pas assez vivant [1] "... » — Il faut dire que cet esprit
et ces annotations pour le moins capricieuses déboussolent
d'autant mieux les élèves qu'elles sont mêlées à des remarques pertinentes sur des constructions réellement erronées...
Ça les déboussole et surtout ça les dégoûte de tout effort
d'expression. Dans le paquet de copies de troisième remises
par Sophie, on a du mal à discerner l'ombre d'un quelconque
progrès à mesure que l'année scolaire avance. Ce serait
même le contraire : plus on va vers l'été, plus tout ça se
relâche, plus on sent que Sophie se moque de ce qu'il y aura
dans la marge ! Petite incidente révélatrice — et indiscutable ! — son orthographe va à vau-l'eau au lieu de « s'affer-
mir »... J'ai pris la peine de chiffrer la dégradation en
comptant les fautes d'orthographe pour chaque copie, dans
l'ordre entre le 21 septembre 1982 et le 2 mai 1983. Ça donne
la série suivante pour les dix textes (de longueur sensiblement égale) : 0 faute-0-3-6-4-7-11-5-17-9. Encore heureux que les vacances étaient proches, elle n'aurait plus su
écrire un mot, Sophie !... On est tenté de dire que c'est une

---

1. *Ibid.*, p. 37.

curieuse conception de l'enseignement que cette espèce de
« ça fait du bien quand ça s'arrête » !

Plaisir de soi, pauvre de toi !

PAGÈS : Le danger de ce genre d'analyse, c'est d'avoir l'air de
croire que le prof en question est un minus... Il ne fait que se
conformer lui-même à l'attente de l'institution.

DUNETON : Tout à fait. Je dirai même que ça n'a rien à voir
avec l'individu professeur... C'est une situation d'« écriture
scolaire » qui est valable pour tous et qui impose ses lois
propres, on dirait. Il existe une idée de la bonne tenue
rédactionnelle pour copie scolaire, quel que soit le niveau de
la classe et la qualification du prof. Par exemple toute
locution, tout proverbe ou expression proverbiale est tabou
— absolument irrecevable dans une copie. Pourquoi ?...
C'est une tradition. Une expression risque de rappeler la
langue parlée, la langue que les gens utilisent normalement,
et il ne faut pas. C'est tout. Voici une dissertation de classe
de première qui vient d'une école normale d'instituteurs et
date de décembre 1964 ; avec d'infinies précautions, distances et guillemets, le jeune homme qui dissertait sur *le
Misanthrope*, dans une langue tout à fait « de circonstance »,
a voulu animer un peu son texte en glissant un vieux dicton
de l'époque classique — j'ai vérifié : une expression parfaitement contemporaine de Molière, nullement considérée
comme « vulgaire » — et qui va comme un gant lorsqu'on
parle d'Alceste ; il a écrit : *Prenons Alceste. C'est l'homme
franc, droit et même « buté » qui a un idéal et n'accepte
aucune compromission. Il ne veut pas, comme l'on dit,
« mettre de l'eau dans son vin ».* Le professeur a souligné,

naturellement, et noté en face, d'une fine écriture de lettré :
« Maladroit — on n'écrit pas ainsi. » Pourquoi ?... On ne sait
pas. C'est sans appel. On n'écrit pas ainsi, c'est tout. C'est un
dogme... Tous les exemples convergent, où qu'on prenne les
copies : il s'agit bel et bien d'une peur profonde de la langue
parlée en France... Un exemple encore plus subtil, que
j'emprunte de nouveau au corpus d'Annie Dupart — un
« mal dit » accompagné d'un point d'exclamation qui en dit
long. *Le rêve apporte un certain plaisir de soi dans lequel on
façonne une situation que l'on désire*[1], écrit Stéphane.
Effectivement, la phrase est très légèrement bancale — mais
pas davantage que des tas d'autres qu'on imprime tous les
jours dans les traités de psychologie !... Là encore le prof a
vu autre chose : c'est le *plaisir de soi* qu'il a entouré, comme
si cette association de mots lui était atroce. Pourquoi ?... Je
pense que *le rêve apporte un certain plaisir de soi* s'est
immédiatement chargé d'une connotation... disons mastur-
batoire. « Quelque part », comme disent les spécialistes, les
mots ont fait référence à un plaisir érotique défendu... Et
« quelque part » il s'est produit, je crois, une confusion entre
les peurs. C'est-à-dire que l'association rêve-plaisir de soi a
inconsciemment alarmé le correcteur — ou la correctrice —
qui, ne s'avouant pas la vraie nature de sa frayeur, ne la
percevant pas en tant que frayeur, l'a confondue avec cette
peur diffuse de la « déviance langagière » qu'il éprouve en
permanence lorsqu'il est en train de corriger des copies...
Autrement dit, il s'est donné le change d'une peur sur l'autre
— il a réagi sur une peur parallèle... C'est du moins mon
interprétation, autrement je ne vois pas la raison de biffer
une jolie trouvaille comme *plaisir de soi*. Ça me paraît un très
bon exemple de mise au jour de ce malaise, de cette angoisse
latente qu'éprouve tout correcteur de français, sans forcément s'en apercevoir, face à la copie. En d'autres termes, ici,

---

1. *Ibid.*, en annexe, devoir n° 1, p. 209.

le prof, ou la prof, a pris la « faute » morale suggérée par la masturbation pour une « faute » de français.

Des croisements dangereux

Un dernier exemple — une description de personnage dans le métro parisien — emprunté au dossier présenté par Annie Dupart. « Décrivez quelques voyageurs que vous aurez particulièrement observés[1]. » Il s'agit apparemment d'une correction de correction — le prof voit la copie pour la seconde fois, et commente les améliorations apportées par l'élève... Je voudrais dire en passant combien tant de scrupule me paraît vain, et que tout ce travail que s'impose le professeur consciencieux restera bien inutile tant que l'on interdira aux enfants de se servir de la langue ordinaire, commune en France, avec laquelle ils pourront écrire de vrais textes à leur portée. Que ces singeries auxquelles on les contraint n'ont jamais donné que des résultats pitoyables, qui ne feront qu'empirer selon toute vraisemblance, alors que pour récompense de tout le mal qu'ils se donnent les enseignants se voient traités de feignants par l'ensemble d'une population déçue... Toujours est-il que l'on assiste à une discussion dans la vaste marge de la copie d'Isabelle, à propos d'une écharpe dont un personnage serait « habillé, vêtu, ou muni ». Puis, l'élève ayant écrit : *Un pantalon bleu marine taché de boue et avec des accrocs aux genoux sont ses vêtements,* le correcteur a tenu à rhabiller de sa main à la fois la phrase et le bonhomme, rectifiant : « Un *costume* bleu marine taché de boue *et reprisé avec soin est sa tenue.* » Pauvre, mais digne... Il a assorti sa modification de ce

1. *Ibid.,* en annexe, devoir n° 5, p. 228.

commentaire : « Vous exagérez un peu les traits minables du personnage. » Je ne vois toujours pas à quoi tant de zèle peut servir, et je ne pense pas que la surimposition de ce style de gendarme soit une aide véritable à quiconque voudrait apprendre à s'exprimer en français, mais à la page suivante se trouve ce qui constitue d'une certaine manière le clou de toute correction. La gamine a écrit : *Je pense que c'est un maçon et qu'il ne gagne pas beaucoup d'argent pour être habillé ainsi.* Le prof a barré toute la fin de la phrase, souligné *maçon* d'un trait incurvé, et proposé en marge : *ouvrier du bâtiment.* Là, à mon avis, on est en plein délire...

PAGÈS : Le prof a peut-être voulu indiquer qu'il fallait être moins précis, moins catégorique ?

DUNETON : J'y ai pensé, mais c'est absurde... L'élève parle d'un maçon à cause de la boue dont est couvert son pantalon. Un plâtrier n'est pas couvert de boue. Ni un électricien. Ni un couvreur, ni un plombier... En fait le maçon est le seul *ouvrier du bâtiment* qui puisse raisonnablement être *taché de boue,* si j'ose dire, ès qualités ! L'élève voulait bien dire *maçon*... Ce déplacement, c'est bien le rejet du mot propre, mais commun, dans un système où l'on n'appelle pas un chat un *chat,* mais un *animal félin.* C'est toujours la même raison : la peur de la trivialité, de la langue que les gens parlent.

PAGÈS : Par parenthèse, la trivialité c'est « ce qui se trouve au carrefour » — étymologiquement : *trivium,* en latin, « carrefour à trois voies ». Les divinités « triviales » étaient celles qui étaient placées aux croisements des routes... Ça s'oppose à tout ce qui est rare, ou sublime — par conséquent, ce qu'on ne risque pas de trouver à tous les coins de rue !

DUNETON : C'est tout à fait le cas de la langue scolaire... On ne risque de la rencontrer ni dans les croisements ni dans les lignes droites ! Pour l'école, tout ce qui n'est pas la langue scolaire est douteux... En fait c'est un vice de société, une sorte de folie douce dont sont atteints la plupart des Français — une tendance sotte, d'accord, mais généralisée. Tout ce qui est langue d'échange, simple, directe, doit être rejeté au profit de tournures abstraites et prodigieusement ampoulées, dont on pense qu'elles sont quoi ?... Littéraires ? C'est comme s'il y avait une langue rêvée, qui existerait en négatif, comme les trous noirs de l'astrophysique...

PAGÈS : Il faut se rappeler qu'un prof corrige toujours à toute vitesse — parce que c'est une corvée. La correction est donc une sorte d'exercice d'écriture automatique, tous les réflexes sont là parce qu'il faut aller très vite, on n'a pas le temps de réfléchir. Par conséquent on met tous ses refoulés personnels sur le tapis — ça paraît assez frappant avec ce *plaisir de soi,* c'est peut-être aussi le cas pour cet *ouvrier du bâtiment.* La famille du prof était peut-être dans le bâtiment ?...

DUNETON : C'est tout à fait possible... Ça sent énormément l'autorépression, et jamais un enseignant d'origine plus ou moins bourgeoise, disons issu d'un milieu aisé, n'aurait rayé le mot *maçon,* qui lui aurait paru parfaitement juste et naturel... Pour vouloir le changer en *ouvrier du bâtiment,* qui fait plus chic — nettement plus habillé ! —, il faut vouloir rehausser le travailleur manuel. C'est de l'embellissement mot à mot... Un peu l'équivalent des biches dans un sous-bois d'automne sur le buffet de la salle à manger. — Enfin, pendant que le prof corrige ses copies, il est chez lui, assis... Il ne risque pas d'accident de la route ! Il ne sombre pas dans l'alcool — il ne dit pas du mal de ses voisins... Pour l'enseignement de la langue, c'est autre chose : un peu comme s'il peignait la girafe !

Morceaux choisis

familier

sérieusement

d'an 2000 : Une belle époque pour "flemmarder"! Malheureusement, l'homme pense avant tout à son comfort personnel, mais les rapports humains y pensent-ils?

ouvrir du bâtiment

pas. Parfois une serviette de table et un litre en dé-passent. Je pense que c'est un maçon et qu'il ne gagne pas beaucoup d'argent pour être habillé ainsi. Il doit être un

Mal dit !

Le rêve apporte un certain (plaisir de soi) dans lequel on façonne une situation que l'on désire.

Ne lire-t-on s'est pas remis de rien ?

Prenons Alceste. C'est l'homme franc, droit et même "buté" qui a un idéal et n'accepte aucune compromission. Il ne veut pas, comme l'on dit, "mettre de l'eau dans ton vin". Il n'a pas une vie claire et agit comme s'il portait des œillères. Le genre d'homme est

Pléonasme

En effet un colégien devrait être heureux d'être ce qu'il est. Malgré ses petits problèmes à lui, qui parfois le tracasse, il ne se doute pas que plutôt ses petits problèmes deviendra grands et lui causerons beaucoup de soucis.

2

La princesse...
ou la constitution
d'un mythe

DUNETON : Il y a quatre ans, j'avais besoin de documentation pour un roman que j'écrivais ; j'ai été amené à dépouiller à ce moment-là toute une collection de *l'Illustration* des années d'avant la guerre. Je suis tombé sur cette historiette dans un des numéros de mai 1940, paru juste deux semaines avant l'offensive allemande du mois de mai et la débâcle qui s'ensuivit... C'était un des tout derniers numéros de *l'Illustration* « libre », qui en quelque sorte est morte sur cette belle prose. Ça s'appellé : « Pourquoi j'aime la langue française », par une écolière de Lausanne. Ça m'avait tout de suite accroché l'œil...

C'est un conte limpide, lumineux, charmant. L'auteur est une jeune Suissesse de seize ans, dont le visage clair retient encore les grâces de l'enfance. Précisons cependant que Mlle Janine Vernet est élève, et l'une des meilleures élèves, de l'École supérieure de Lausanne. Son joli conte lui a valu la médaille de vermeil, attribuée par l'Association internationale des écrivains de langue française, qui réalise un si intelligent effort pour créer une solidarité entre tous les jeunes qui parlent la langue française hors de notre pays. Cette association avait mis au concours le sujet suivant : « Pourquoi j'aime la langue française. »
Et voici le texte qui a valu à Mlle Janine Vernet d'être classée première :

2

Il y avait une fois un beau pays qu'habitaient des hommes aux longues moustaches et des femmes aux tresses blondes. Un jour y naquit une petite princesse. Elle était toute jolie et mignonne et ses parents, désireux de la voir devenir grande et belle, invitèrent des fées à lui servir de marraines. Le jour du baptême, elles arrivèrent dans leurs brillants équipages et s'approchèrent du berceau pour doter l'enfant de leurs plus beaux cadeaux.

La fée Candide, qui était toute blanche, belle et bonne, se pencha sur la fillette, et d'une voix douce : « Je te donne ma clarté et ma pureté, dit-elle, tu adouciras les mœurs des hommes et tu les aideras à exprimer les sentiments les plus secrets de leur cœur. »

Puis vint la fée Viviane, magnifique dans ses longs vêtements ; elle sourit à la princesse et lui parla ainsi : « Tu seras charmante et belle, personne ne pourra te surpasser. Des hommes vivront pour toi et te pareront de gloire et de séduction. Va, sois grande, règne, je te donne l'empire de la beauté. »

La fée Estérelle vint de Provence : « Tu auras la saveur et la douceur d'un fruit de mon pays. Tu seras naturelle et courtoise, ceux qui t'obéiront se sentiront meilleurs. »

Arie, la bonne fée des chaumières, arriva en trottinant : « Je te donne d'être mère, dit-elle, tu auras les plus beaux enfants du monde. Tu resteras toujours jeune, je te donne l'immortalité. »

Mélusine apparut sur son char de feu : « Tu seras aimée, dit-elle à la princesse, au-delà des limites de ton pays natal ; tu ouvriras l'intelligence et le cœur de tes sujets. »

Toutes les fées allaient se retirer quand un coup de tonnerre se fit entendre et Carabosse, qu'on n'avait pas invitée, arriva dans une voiture tirée par des serpents ailés. Elle eut un mauvais rire : « Ah ! ah ! dit-elle, je vois que l'on ne désirait pas ma présence, mais je l'impose. Je ne puis retirer aucun des dons qu'on t'a faits, mais je veux ceci : tu donneras beaucoup de peine à ceux qui te serviront et tous les enfants du monde devront lutter pour satisfaire tes exigences. »

Ainsi commença la vie de notre chère petite princesse : la Langue française.

Dans son jeune âge la petite princesse aime les chevaliers et inspire les troubadours qui chantent les hauts faits de ses héros favoris ; mais elle préfère encore les doux poètes et se penche sur l'âme d'un Ronsard, d'un Marot et d'un Charles d'Orléans. Mais, bien vite, elle devient coquette : il lui faut des parures somptueuses, que lui brodent Corneille, Racine ou Boileau. Mutine et spirituelle, elle aiguise la plume de Molière et sourit aux fables de La Fontaine. Elle s'occupe aussi de sujets plus graves avec Montaigne, Descartes et Pascal.

Des hommes sévères achèvent sa formation, c'est Bossuet, Rousseau et Voltaire. Elle est maintenant une jeune fille grande et belle, elle parle doucement au cœur de ceux qui font sa gloire définitive. Et, tandis que Victor Hugo l'habille royalement, elle chuchote à l'oreille de Musset : « Chante pour apaiser ta douleur. » Elle dit à Balzac : « Vois la vie telle qu'elle est. » Elle inspire à Taine et à Renan de grandes et nobles pensées. Tous travaillent avec elle pour des buts différents, mais elle est assez souple pour s'adapter à toutes leurs idées, si diverses soient-elles.

On lui présente des époux ; elle choisit l'Idéal et, en sa compagnie, vise à des choses toujours plus belles.

Il y a maintenant longtemps qu'elle est née. Mais elle n'a rien perdu de sa fraîcheur première. L'enfant charmante est devenue la femme parfaite. Elle a acquis de l'expérience. De nouvelles générations de serviteurs se lèvent pour l'honorer. Comme elle le fit pour leurs aînés, elle se penche sur eux pour les inspirer. Elle donne à Daudet sa simplicité, à Flaubert et à Maupassant sa clarté, à Lemaître, sa finesse. Les années passent encore. Elle murmure à Colette : « Donne, donne ton cœur. » Et à Maeterlinck : « Livre tes rêves pour rafraîchir les esprits fatigués des hommes. » Notre époque voit se dresser toute une armée de serviteurs, jeunes et ardents, qui brûlent de lutter pour elle et la faire aimer jusqu'aux limites de la Terre.

Elle est mère maintenant : ses enfants sont dignes d'elle ; c'est la Race et la Culture qu'elle a formées peu à peu. Et la prédiction de Mélusine s'est réalisée : d'autres pays que la France l'honorent et se servent de sa beauté. Elle a enseigné à son peuple à exprimer ses pensées et les poètes de sa cour sont inspirés par l'esprit et le génie de la race qu'elle a créée. Beaucoup d'étrangers lui rendent hommage ; elle est si humaine qu'elle cesse d'être reine d'un seul peuple, pour devenir celle de l'univers. Elle aide ceux qui la servent à

exprimer non seulement les besoins de leur intelligence, mais
encore de leur cœur.

Et voilà pourquoi j'aime la langue française.

JANINE VERNET

Au concours scolaire où vient de triompher Mlle Janine
Vernet avec le conte dont elle fit sa réponse avaient participé
plus de huit cents candidats qui avaient envoyé leurs copies
— la plupart fort intéressantes — de Belgique, de Suisse, du
Canada et d'ailleurs.

Il vaut la peine de s'arrêter un instant sur ce conte
« limpide, lumineux, charmant », qui commence par : « Il y
avait une fois un beau pays qu'habitaient des hommes aux
longues moustaches et des femmes aux tresses blondes. » On
se place d'entrée dans le fantasme des Gaulois nos ancêtres,
aux cheveux blonds et aux yeux bleus. On y case la langue
française, qui se retrouve « aryenne » jusqu'aux yeux ! C'est
vrai qu'on était en 1940 et que les Aryens allaient triompher,
comme on le sait... Au mythe blond il ne reste plus qu'à
coller la vieille notion répandue à la fin du XVIIIe siècle de
« l'universalité de la langue française », et le tour est joué...
Il est probable d'ailleurs que cette collégienne de seize ans
avait lu Rivarol, le propagateur par excellence de cette idée,
dont le fameux *Discours* a longtemps été commenté dans les
écoles de langue française — elle en avait au moins entendu
parler. Ce qui importe c'est la matière du conte, et l'idéologie qui le sous-tend. « La fée Candide [...] se pencha sur la
fillette [1], et d'une voix douce : " Je te donne ma clarté et ma
pureté ", dit-elle... » Fable ou non, tout de suite commence
l'imposture : les caractéristiques de la langue sont intrinsè-
ques, elles ne dépendent pas de ses usagers ! Une idée qui
paraît anodine, qui en réalité vient de très loin et constitue le
cœur du mythe de la langue transcendante, dont les conséquences sont aujourd'hui désastreuses. Ici c'est le cadeau des

---

1. La fillette en question étant la langue française...

fées. Viviane : « Tu seras charmante et belle, personne ne pourra te surpasser. » C'est mieux que de l'orgueil castillan ! Pourtant ça a obtenu la médaille vermeille, attribuée avec le plus grand sérieux par des vieux messieurs très dignes et satisfaits. Et c'est là le hic ! Penser que des adultes raisonnables, des écrivains regroupés en Association internationale, laquelle réalisait « un si intelligent effort pour créer une solidarité entre tous les jeunes qui parlent la langue française hors de notre pays », aient pu couronner cette bluette — du reste fort bien écrite —, c'est ce qui pose problème. Tout au moins, comme ils ont choisi ce texte sur, nous dit-on, plus de huit cents participants au concours, ce choix est significatif. Attention, on finit sur une sixième fée, Carabosse : « Tu donneras beaucoup de peine à ceux qui te serviront, et tous les enfants du monde devront lutter pour satisfaire tes exigences. » C'est la mythologie ! Il faudra souffrir... On ne dit pas : tu écouteras tes père et mère et tes aïeux afin de t'imprégner de leur langage — non : tu devras souffrir pour mériter la grâce d'accéder à la langue française ! Ce texte est formidable, il y a Dieu derrière... En tout cas il explicite de façon naïve non seulement l'opinion intime d'un jury littéraire de 1940, avec celle de milliers de lecteurs de *l'Illustration,* mais aussi, c'est là l'important, il met au jour ce que les Français, d'hier et d'aujourd'hui, ont tous plus ou moins dans la tête, sans se l'avouer — le plus souvent sans le savoir. En premier lieu les Français enseignants... On pourrait dire que la teneur de ce petit conte est ce qui constitue le support idéologique des correcteurs de copies. Ce qui sous-tend les fameux « mal dit » en dernier ressort, ce sont les fées... Les fées sont parmi nous.

PAGÈS : Cette histoire me rappelle mon prof de français, qui, pour nous faire entrer dans le crâne les qualités de la vraie langue française, nous faisait apprendre par cœur cette formule : 2P.C. + 2N.H.

DUNETON : C'est une formule magique ?

PAGÈS : Si je me souviens bien, 2P.C, ça veut dire : Pureté, Précision, Clarté... 2N.H : Noblesse, Naturel, Harmonie.

DUNETON : La princesse ! On nage en pleine féerie... C'était quand, ce professeur plein de zèle ?

PAGÈS : Autour de 1962-1964...

DUNETON : Avant-hier... Par conséquent, c'est bien ce que je disais : lés fées sont encore parmi nous.

Les mythes ont des racines

PAGÈS : Pourtant ce n'est pas seulement un fantasme : cette langue française pure, elle existe. Ne serait-ce que chez des écrivains comme Voltaire...

DUNETON : Il y a par hasard deux écrivains dont je possède les œuvres complètes, que je peux ouvrir presque à n'importe quelle page et avoir envie de continuer à lire tellement ils m'embarquent avec eux, c'est Voltaire et Céline... Ce sont deux très grands écrivains, j'allais dire « de langue ». Ce sont des stylistes dont l'écriture opère un charme, qui ont la verve. Ce sont tous les deux des Parisiens à faconde — l'un use d'un brassage verbal intense et suggestif, tissé très fin, il fait sonner sa « petite musique », l'autre fait dans l'élégance et la grâce logique, il avance d'un pas de menuet, mais tous les deux procèdent au fond de la même manière : ils pétillent, ils luisent, ils font des ronds de phrases... Alors c'est vrai que le mythe s'accroche énormément à Voltaire — qu'on lit très peu d'ailleurs — à la fois parce que c'est une tradition bicentenaire, et parce qu'il représente un peu ce que l'on a fait de mieux dans le genre « belle langue ». Seulement on confond langue et littérature... L'élégance et la clarté sont à la rigueur celles de Voltaire, pas nécessairement celles de la langue française. On confond un style et le mouvement d'une langue... A cause du charme qu'exerce Céline, un grand nombre de gens se sont mis à penser, à leur tour, que son écriture, eh bien, c'était la langue française !... Or il s'agit dans les deux cas de culminations prestigieuses, géniales certainement, mais le sommet du mont Blanc ce n'est pas la chaîne des Alpes — si je puis me permettre une pareille comparaison : une montagne qui a ses vallées, ses cols, ses merveilles et ses dangers. La langue française, ce n'est pas Céline, ce n'est pas Voltaire, même si je suis un grand admirateur de l'un et de l'autre.

PAGÈS : Oui, mais le mythe de la langue française pure et éternelle n'est pas tombé du ciel. Il n'a pas germé tout à coup dans le cerveau de quelques pédagogues du XIXᵉ siècle... Où sont les repères où on le voit se constituer ? Il y a ce fameux texte de Rivarol, et puis ?...

DUNETON : A propos de Rivarol, il est amusant de rappeler qu'en rédigeant son *Discours de l'universalité de la langue française*, en 1784, il ne faisait que répondre à un concours, lui aussi[1]. Il obtint le premier prix, exactement comme le gentil conte de la jeune fille de Lausanne, et pour les mêmes raisons. Rivarol exprimait — avec un certain sens de la flatterie — une opinion à peu près générale à son époque fleurie ; ce qui explique le sort qui a été réservé à cette courte

---

1. Voir le document 3 à la fin du chapitre.

pièce oratoire, laquelle est devenue comme l'acte de naissance d'un mythe... Mais il s'agissait d'une évolution qui
durait depuis un bon siècle et demi.

Lorsqu'on réfléchit à la formation de la langue française
contemporaine, on met un peu trop de côté un élément
fondamental de cette histoire, qui est le latin. Pendant des
siècles, tous les gens un peu instruits avaient d'abord étudié
en latin, la langue formatrice de la civilisation occidentale.
Aujourd'hui on oublie que tous les intellectuels d'autrefois,
et jusqu'au début du xxᵉ siècle, étaient des latinistes — cela
dans l'Europe entière, quelles que soient leur nationalité et
leur spécificité de recherche. Être cultivé, du Moyen Âge
jusqu'au xixᵉ siècle inclus, c'était avant tout posséder une
solide culture latine [1]. On était cultivé parce qu'on avait lu
Virgile dans le texte — pas La Fontaine ou Racine ! Virgile et
quelques autres...

Il existait donc la langue latine, précise et sublime, qui
servait depuis toujours à l'expression de la pensée : la
théologie, la philosophie, la médecine, le droit, l'astronomie,
la physique, etc., et d'autre part l'ensemble des langues
autochtones en usage dans les différents pays, appelées
« langues vulgaires ». On écrivait aussi en langue vulgaire —

---

1. Le savant Édouard Branly est mort en 1935, âgé de quatre-vingt-
quinze ans. Sa fille raconte comment il fit son voyage de noces dans un
petit village de Bretagne, à Brignogan, près de Landerneau, vers le début
de la IIIᵉ République — bien avant l'arrivée des premiers touristes dans
cette région... et de la langue française ! « [...] un bienheureux silence
règne sur ce pays, un silence que rompt [*sic*] les grandes harmonies de la
mer, le cri des mouettes et, le dimanche, le chant des cantiques aux paroles
desquels nos " étrangers " ne comprennent goutte, car on chante en
breton. C'est, du reste, la seule langue que parlent les Bretonnes coiffées
d'ailes blanches et leurs hommes ; *le curé lui-même ne sait pas le français, et
Édouard Branly, qui a fait sa connaissance, finit par parler avec lui le latin,
grâce auquel les deux hommes peuvent tenir de longues conversations,* le
curé étant admirablement renseigné sur l'histoire du pays, et surtout sur
ses légendes » (Jeanne Terrat-Branly, *Mon père Édouard Branly,* Corréa
éd., 1941).

en France abondamment depuis le XIIe siècle. Mais jusqu'au milieu du XVIe, il est entendu que c'est encore principalement dans le genre comique que l'on écrivait en français : la comédie ou la farce, la satire de mœurs à la Rabelais... et aussi l'amour — charnel. C'était la langue des « variétés » !... Un siècle de plus, et l'on ajoute nombre de récits plus sérieux, historiques ou socio-philosophiques : Montaigne à un bout, Descartes à l'autre — sans que l'on ait atteint les prestiges de la langue et de la littérature latines, que l'on a commencé à traduire en masse. Cette domination du latin est alors valable pour toutes les langues en Europe où seuls le castillan et l'italien littéraires avaient acquis d'assez sérieuses lettres de noblesse.

Le « français Parmentier » ou la répartition des couches

Une autre étape prend son démarrage en France dès le second tiers du XVIIe siècle, à la faveur de l'évolution politique — une sorte de course à l'égalisation de la gloire latine, sous la forme d'une montée vers le sublime de la langue vulgaire. Il s'agit là, bien entendu, d'un assaut mené exclusivement par le français parlé à la cour de France. Afin que nos monarques, devenus presque tout-puissants, puissent prétendre égaler la gloire des Césars antiques, il était nécessaire que leur idiome s'élevât lui aussi à la splendeur de la latinité. Ce n'était pas une mince tâche ; des écrivains choisis durent dès lors, un peu par conviction et un peu sur commande, s'employer à cette élévation... A partir de ce moment — qu'on peut situer très précisément à la prise de pouvoir quasi absolu de Richelieu dans les années 1630 —

commence à apparaître dans la langue française un clivage
original, qui va s'approfondir au fil des décennies et donner
naissance à deux courants assez distincts pour entrer en
rivalité, entre eux. D'une part, à la remorque du pouvoir
monarchique de droit divin, un français élitaire, refusant le
contact et la pollution des couches non nobles de la population du royaume, c'est-à-dire des bourgeois de la ville, pour
mieux tenter d'égaler, grâce à quelques bouches d'or, la
pureté et la noblesse de la langue latine. C'est ce que
j'appellerai le « lobby romain », ou le « courant sublime ».
On se mit à adapter plus que jamais les écrivains antiques —
Corneille passe significativement du *Cid* et des contes ibères
à *Horace* et *Cinna* entre 1636 et 1640 —, mouvement qui
conduira dans les années 1670 à la production tragiquement
racinienne. Cette langue-là ne doit sous aucun prétexte sentir
le commun — elle bannit donc les tournures familières, les
expressions un peu vives et un tant soit peu salées : pureté
d'abord. On vise le sublime — la locution bourgeoise ferait
lèse-majesté... On relègue donc aux oubliettes quantité de
termes et d'expressions jugées trop dures, qui continuent par
ailleurs à être couramment employées en ville. La cour lance
des mots et des modes, le démodé devient risible, le terme
ancien paraît odieux... Et tout cela évolue dans un mouchoir
de poche, un cercle fort restreint de courtisans et d'hommes
de lettres proches de la cour.

Il se produit donc très vite un dérapage de ce français
éthéré face au français courant, en usage dans la petite et
moyenne bourgeoisie dans son ensemble, comme dans la
littérature « ordinaire ». Cela reproduit, à l'intérieur même
de la langue française, une distinction semblable dans l'esprit
à la traditionnelle opposition : langue latine - langue vulgaire. C'est là un phénomène sensiblement différent du code
de niveau pour satisfaire à la bienséance et aux bonnes
mœurs que l'on retrouve dans toutes les langues — ce clivage est totalement original par rapport aux autres pays

d'Europe à la même époque, qui continuent leur train-train langagier.

Évidemment cette distinction ne touche nullement ce qui demeure les couches profondes du langage du peuple dans sa totalité : la masse de la population du royaume continuait pendant ce temps-là à parler ses différents dialectes, même au cœur de Paris — sans compter, naturellement, les autres langues de France et de Navarre, qui commencèrent à être peu à peu abandonnées par leurs élites, l'aristocratie se trouvant partout aspirée, physiquement et intellectuellement, par la volonté d'un roi méfiant et tyrannique. Les dialectes ne font qu'affleurer la production littéraire, grâce à des plumes instruites, du reste, par exemple au moment des mazarinades, aussi dans les écrits en normand jusqu'en 1650, ou encore, très épisodiquement, dans les dialogues de Molière.

PAGÈS : Il existait donc trois couches de langage en français ?

DUNETON : Schématiquement, oui. Sans compter le latin qui suit son chemin parallèle dans le monde savant, et les différentes langues régionales qui perdaient du crédit en même temps que leurs élites nobles émigraient vers Paris. Trois couches, avec toutes les influences qu'une telle complexité suppose. Au fond du panier : le français dialectal ; au-dessus, le français « moyen » d'usage bourgeois et de « secteur tertiaire » ; enfin le français sublime de la cour, au sommet. Ce ne sont pas des niveaux de langue, ce sont des langues de niveaux : une sorte de « français Parmentier »... naturellement disposé en pyramide, quelques millions à la base, quelques... centaines, à peine davantage, au sommet.

La course à l'égalisation

Le paradoxe qui s'établit alors en France, c'est que la langue ordinaire des échanges de bonne compagnie — le français bourgeois des villes (au sens du XVIIᵉ), parlé et écrit, épistolaire et traditionnellement littéraire, infiniment plus « fourni » en locuteurs que celui de la cour et forcément moins corseté — se trouve comme tenue à distance, je dirai franchement écartée par la mode du sublime, tandis que s'installait une prétentieuse condescendance, dont nous ne nous sommes jamais guéris, pour tout ce qui était langue d'usage vernaculaire et quotidien. Car un certain nombre de gens continuèrent, sur la lancée, à écrire dans la langue de tous les jours, sans souci d'apothéose — ce qui était courageux, car cela pouvait signifier également sans souci de pension... Ils écrivaient, je dirai peinardement, en se fendant la pêche, des histoires plus ou moins cocasses sur ce qui les entourait, dans lesquelles ils décrivaient leurs contemporains. C'est ce que j'appellerai le « courant vernaculaire » (de *vernaculus*, « né à la maison »), lequel ne s'embarrassait d'aucune préciosité grotesque ni d'aucun vent de latinités — si ce n'est, parfois, pour en faire des gorges chaudes.

Ce fut le cas de Charles Sorel, qui avait publié en 1623, avant le début de la tourmente, son *Histoire comique de Francion,* le livre qui fut le best-seller du XVIIᵉ siècle, le plus lu et le plus constamment réimprimé, toutes catégories confondues [1]. Il faut citer aussi des gens assez mal en cour, et qui à certaines périodes furent carrément hostiles, comme Paul Scarron, dont le *Roman comique* fit fureur après 1651, Antoine Furetière et son *Roman bourgeois* de 1666 — « bourgeois » justement parce qu'il met en scène des gens

---

1. Sorel expurgea d'ailleurs lui-même les éditions des années 1630 des passages qui, avec la nouvelle mode naissante, paraissaient un peu vifs !

qui étaient ses voisins, et non pas des chevaliers bardés de
prouesses ni les courtisans en péplums des cours romaines.
Comme ces auteurs ne se pliaient pas à la mode du tragique
pompeux, qu'ils ne brandissaient pas les oripeaux de la gloire
antique — qu'ils s'en moquaient parfois ouvertement (Scarron ricane sur les « bons poètes ») —, on les appela des
burlesques, puis des baroques, c'est-à-dire des énergumènes,
comme qui dirait des joyeux drilles qui n'étaient pas lancés
dans la course à l'égalisation. Mais peu leur importait : ils
avaient le public avec eux. Ce qu'on ne dit pas assez, qu'on
ne dit jamais ! c'est que l'histoire des lectures, l'histoire tout
court et l'histoire de la littérature telle qu'elle a été fabriquée
a posteriori pour s'accorder aux goûts et aux humeurs des
professeurs du XIXe siècle, ne coïncident pas souvent, et
souvent pas du tout. Racine eut en son temps une audience
extrêmement réduite. Il avait tellement peu de spectateurs
que ses dernières pièces furent écrites et jouées à la demande
d'un patronage — sélect, bien sûr : devant la cour, par les
jeunes filles de Mme de Maintenon... Il faut se rendre compte
que Pierre Corneille, qui écrivait à une époque où les
théâtres spécialisés n'étaient pas encore construits, a eu
infiniment moins de public que, plus tard, son jeune frère
Thomas. On jouait alors les spectacles temporairement, dans
les jeux de paume — les tripots — où l'on plantait des
tréteaux provisoires à l'intention de quelques dizaines d'amateurs de tragédie. Le grand Corneille a été, dans la réalité des
choses, et dans son rapport au public, un auteur de café-
théâtre — disons de « tripot-théâtre ». Je veux dire que nous
percevons cette période-là au travers d'un prisme défor-
mant ; ce que j'appelle le « courant vernaculaire » était très
vastement majoritaire en son temps et nullement cantonné
dans une production résiduelle comme le suggère l'histoire
littéraire conventionnelle.

Enfin, au terme du XVIIe siècle, le « lobby des latins » avait
eu ses théoriciens et codificateurs de la langue, le plus

représentatif étant Vaugelas, et il avait produit des œuvres
conséquentes. Corneille, donc, converti en route, un peu
sous la menace (il avait commencé par du vernaculaire, avec
des comédies dans la foulée de Hardy) ; La Fontaine, qui
avait beaucoup adopté les Anciens ; Molière, au cas particulièrement complexe, et qui jouait sur les deux tableaux avec
le succès que l'on sait ; évidemment Racine, le sublime au
carré, la gloire latinesque parmi nous, l'adaptateur de génie.
Succès par conséquent, à tel point que la grande question
était devenue : mais quand donc aurons-nous rejoint, et si
possible dépassé, la valeur et la gloire des écrivains latins ?...
Il y avait intérêt à faire vite : la cour. rigolait de moins en
moins, pataugeant dans les catastrophes, la ruine, la bon-
dieuserie et la méchanceté. Le Roi-Soleil, si je puis dire, se
faisant couchant... Alors, cette apothéose, ça venait ou
quoi ? Certains se mirent à clamer : c'est déjà fait ! Boileau
s'extasiait solennellement : voyez toutes ces merveilles pro-
duites sous le règne bienheureux de notre incomparable
monarque ! (Il était payé comme « historiographe ».) Voyez
Racine, voyez La Fontaine, voyez moi-même : nous sommes
les meilleurs ! — Cependant la nouvelle génération n'était
pas d'accord : La Bruyère et les autres, qui ne voulaient pas
que la course s'arrêtât avant qu'ils n'eussent concouru eux-
mêmes... Ils disaient : vous plaisantez ? Tout ça ne monte
pas à la cheville de nos chers auteurs classiques de Rome et
d'Athènes. Vous êtes de prétentieux vieillards séniles !... Ce
fut la querelle. La querelle des Anciens et des Modernes, où
les Modernes étaient les vieux, et les Anciens, les petits
jeunes...

Les parrains du mythe

Finalement ce fut le XVIIIᵉ siècle qui acheva la course à
l'égalisation. Après Voltaire, on décida que cette fois, c'était

bon !... Le français de cour s'était un peu mâtiné de français de ville — l'esprit d'élévation était demeuré intact mais il y avait eu des brassages. On peut même dire que la langue « officielle » avait aspiré, en le filtrant soigneusement, le français bourgeois, à mesure que ses locuteurs prenaient du poids dans la société, et du crédit. Dans le même temps un formidable effort de logique avait été opéré, suivant en cela l'essor de la pensée scientifique ; la langue était effectivement devenue souple, maniable, « claire » — on décida donc qu'elle était pure, et qu'elle avait définitivement atteint les qualités du latin. Une virginité gagnée de haute lutte. A ce moment l'on osa enfin traduire Virgile en vers ; cette tâche suprême fit la célébrité de Jacques Delille, considéré comme le plus grand poète de la fin du XVIIIe avec sa traduction des *Géorgiques,* que Voltaire vanta... Un peu oublié de nos jours, Delille avait à la fin du siècle à peu près la même notoriété que Victor Hugo à la fin du XIXe.

C'est là qu'apparaissent deux hommes pour compter les points, et faire en quelque sorte le bilan de cette égalisation. Rivarol, Occitan fraîchement débarqué à Paris, qu'il voulait conquérir par sa faconde, et qui éleva par hasard, dans son discours primé, la théorie de la grandeur jusqu'au mythe, et quelqu'un de plus réfléchi, La Harpe, qui fut le premier historien de la littérature. L'influence de son *Lycée* (cours), qui couvre l'histoire des écrits depuis les Grecs jusqu'à... Florian, fut durable. C'est lui qui donna principalement le ton à la critique — et à l'Université — pour le siècle à venir. Évidemment La Harpe est tout à fait oublié en tant que bonhomme — il a été recouvert par des couches successives de critiques : Taine, Sainte-Beuve, etc., plus tard Lanson. Mais ce qu'il exprime est toujours présent sous une forme diffuse, comme un germe toujours actif.

PAGÈS : Ce sont là les origines du mythe dans la littérature. Il y a aussi les origines politiques.

DUNETON : Elles sont entièrement liées ; les unes ne s'expliquent pas sans les autres. On a dit qu'une langue était « un dialecte avec une armée et une marine »... C'est vrai, mais la situation politique interne joue aussi un grand rôle. L'anglais, par exemple, lié à une situation très différente, est une langue où la tendance vernaculaire l'a emporté très tôt, dès le xviie siècle. Il a, en conséquence, évolué beaucoup moins, et moins vite que le français. L'anglais est fait de ce que les gens disent, ou écrivent ; c'est au public de décider ce qui est anglais et ce qui ne l'est pas... C'est une attitude d'esprit diamétralement opposée à l'idée d'une langue préexistant quelque part dans les nuages, protégée par les fées, à laquelle il faut obéir.

PAGÈS : Alors pourquoi ce phénomène s'est-il produit chez nous ? Pourquoi les fées en France et pas ailleurs ?

DUNETON : Parce que la France est le premier pays d'Europe à s'être unifié, dès la fin du xve siècle. Disons, en raccourci, que Louis XI, en se débarrassant des Anglais et du duc de Bourgogne, a instauré à cette époque-là un pouvoir réel sur un pays vaste et relativement organisé, alors que les autres nations d'Europe demeuraient très émiettées. Pendant tout le xvie siècle, la France s'organise en tant que premier pays moderne [1], freiné d'ailleurs par la profonde convulsion de la Réforme et des guerres de Religion. Au-delà des problèmes

---

1. Deux dates significatives, en dehors de l'histoire célèbre : l'ordonnance d'octobre 1508 (Louis XII) crée le premier service royal des chemins — c'est la toute première initiative de centralisation dans ce domaine capital pour le développement économique et politique d'un pays : le réseau routier (qui favorise aussi le cheminement des armées). Un édit de mai 1599 (Henri IV) crée, pour Sully, la charge jusque-là inconnue de Grand Voyer de France. C'était le démarrage, dans un but dont les préoccupations militaires n'étaient pas absentes, de la première forme effective des Ponts et Chaussées.

théologiques, il y a la lutte des démocrates « protestant »
contre l'autorité, la centralisation et l'autocratie de type
catholique « romain ». En France ce sont les catholiques qui
ont fini par prendre le dessus, à la fin du XVIe siècle ; cent
ans plus tard, il s'était installé une dictature dont on oublie
qu'elle a été atroce, avec bûchers, tortures, déportations et
massacres, dans un acharnement que n'avait pas toujours
connu le Moyen Age. Cette évolution vers le « pouvoir
absolu » est intimement liée à l'orientation intellectuelle et
langagière que j'ai décrite. En supprimant l'autorité traditionnelle de la noblesse, qu'il déracinait pour lui substituer la
férule d'une administration utilitaire et généralement abusive, l'absolutisme a provoqué une aspiration vers le sommet
de tout l'appareil culturel du royaume, créant un désert dans
la masse des populations provinciales abandonnées à elles-
mêmes et à l'Église. Ce faisant, la monarchie sciait l'arbre sur
lequel elle était installée [1], mais elle inculquait un schéma de
pensée élitiste à la nation, si profondément que nous n'en
sommes pas encore dégagés. La France n'est devenue
francophone qu'à partir du XXe siècle, c'est tout de même une
performance pour un pays qui exportait sa langue et sa
culture en plein XVIIIe. La langue que parlait et qu'écrivait
alors le roi de Prusse, sous l'aimable direction de Voltaire,
n'aurait pas été plus comprise de la quasi-totalité du peuple
de France que le joyeux prussien des gardes de son palais.
L'incroyable permanence du mythe s'explique aussi comme
ça : la langue française est véritablement tombée du ciel à un
moment donné sur nos grands-parents, par l'intermédiaire
des fées moustachues à fortes baguettes qu'étaient les
instituteurs de la IIIe République.

---

1. En reniant le système féodal sur lequel elle reposait, et qui seul la
légitimait, la monarchie se coupait de son peuple et préparait la révolte,
comme n'importe quel autre pouvoir abusif.

PAGÈS : Peut-être parce que le mythe de la langue française
pure et éternelle est le grand mythe républicain et laïc ?

DUNETON : On peut dire qu'un tel mythe n'aurait effectivement pas pu s'instaurer en tant que « mythe indépendant »,
et vaguement céleste, dans un pays nordique par exemple, où
la persistance d'une monarchie non tyrannique a continué à
canaliser dans le monde moderne l'imaginaire d'une nation.
En Grande-Bretagne, au Danemark, dans ces pays de démo-
cratie profonde, la forme la plus officielle et cérémo-
nieuse de la langue est représentée « naturellement » — je
veux dire avec naturel — par l'usage qu'en font le roi ou la
reine. C'est un usage qui, d'une part, évolue, et surtout qui
n'est pas « mythifiable » : le *king's English* représente une
réalité physique — surtout phonologique — à laquelle on
peut adhérer ou s'opposer ; ce n'est pas une entité divine
impénétrable ! Une fois tranché le cou de Louis XVI, nos
mythes se sont trouvés décharnés — ils ont erré comme des
âmes en peine avant de se poser un peu n'importe où... Par
exemple sur l'école laïque. Il est indéniable que l'école laïque
s'est développée dans une lutte permanente contre une école
confessionnelle qui avait Dieu de son côté. On a l'impression
que l'idéal républicain avait fortement besoin de transcen-
dance ; la langue française, pure et éternelle comme elle
était, fournissait à merveille, c'est le cas de le dire, cet alibi
transcendantal... La lutte des deux courants — le sublime et
le vernaculaire — a carrément pris dans l'école de la
République l'allure de la lutte entre le Bien et le Mal.
D'ailleurs, quelles étaient les annotations dans les marges de
l'école primaire ? C'est beaucoup plus qu'une boutade :
« bien » ou « mal ».

La vraie grandeur romaine

Je voudrais revenir sur cette dualité, sublime-vernaculaire, qui est au cœur de notre sujet, dont l'école d'aujourd'hui souffre énormément... Il n'y a pas que la princesse et les féeries des notations scolaires. La plupart des Français ont actuellement des préjugés tenaces quant à leur langue, des préjugés qui nous font un tort considérable, et pas uniquement à l'enseignement, le domaine où la catastrophe est la plus évidente. Puisque nous essayons d'analyser la formation du mythe, je crois qu'il est indispensable d'entrer dans des détails qui peuvent apparaître comme les rogatons d'une histoire littéraire surannée, cela afin d'expliquer cet étonnant dégoût que le public français éprouve instinctivement pour la langue qu'il parle, dès le moment qu'il prend une plume, un crayon ou une machine à écrire... J'ai besoin de développer ici un point particulier, par un exemple précis, pour tâcher de remonter aux sources de ce reniement de soi par le rejet de la langue réellement vécue, qui commençait déjà à étonner certaines personnes de bon sens, même au XVIIIᵉ siècle — le savant et talentueux comte de Caylus, en 1743[1] ! Ce refus de la simplicité dans l'expression écrite, qui contraste puissamment en France avec la verdeur, voire la grossièreté, parfois, du parler, surprend tous ceux qui nous observent de l'extérieur — ceux qui lisent tout simplement nos écriteaux, nos annonces publiques, ou qui mettent le nez dans nos « imprimés à remplir »... Remplacer *maçon* par *ouvrier du bâtiment* pour faire mieux dans une copie d'élève, ça paraît tellement fou qu'on a du mal à s'y arrêter sérieusement. La tentation

---

1. On connaît aussi la réflexion de Fénelon, en 1714, dans sa *Lettre de l'Académie :* « Notre langue manque d'un grand nombre de mots et de phrases. Il me semble même qu'on l'a gênée et appauvrie depuis environ cent ans, en voulant la purifier. »

est forte d'attribuer la bizarrerie à l'humeur. Une erreur, à la
limite... On se dit, parce que c'est commode et que ça
n'engage à rien, que la personne en question est totalement
idiote ! L'exemple à côté, puif ! même sort... On accumule
les cas particuliers, puis de fil en aiguille on en arrive à
déclarer : de toute façon les enseignants sont tous des
crétins ! — Ce que je veux dire, clairement, c'est qu'il s'agit
bel et bien d'un phénomène de masse, dont les profs
présentent un reflet facile à railler, sans doute, mais les
enseignants ne sont responsables à aucun titre d'une aberra-
tion collective soutenue par les plus hautes instances de leur
hiérarchie.

Je vais donc revenir sur cette fin du XVIIIe siècle qui est
importante parce que la période post-révolutionnaire ainsi
que tout le XIXe siècle n'ont fait qu'amplifier le mythe de la
langue fixée dans son excellence, et creuser le fossé entre cet
idiome rêvé et son emploi vernaculaire, précisément dans le
même temps que la masse des dialectisants divers du pays
accédaient à son usage avec un respect craintif et une
soumission irraisonnée. Plus que sur le texte de Rivarol, dont
la lecture est pleine d'informations mais qui représente tout
de même un épiphénomène, j'ai envie de m'attarder sur les
goûts et les opinions de La Harpe parce qu'ils me paraissent
« éclairants » pour l'avenir de notre discussion.

Les gens que La Harpe monte en épingle, et ceux qu'il
passe à la trappe, sont l'illustration exacte de cet état d'esprit
que nous avons intériorisé et qui fait aujourd'hui cavalier
seul dans nos têtes. Les auteurs qu'il rejette avec toute la
vigueur et le mépris d'un censeur professionnel sont loin
d'être de mauvais écrivains, bien que la tradition, une fois
installée, ait continué à les tenir pour négligeables — ce sont
simplement ceux qui ont persisté dans le courant « vernaculaire », en se gaussant plus ou moins des appétits sublimes de
leurs contemporains tournés vers l'Antiquité à atteindre. Ce
sont, pour le XVIIIe, Alexis Piron, le réfractaire grivois, Jean-

Joseph Vadé, au si grand renom, qui écrivait carrément la langue populaire des ports de Paris et du carreau des Halles, et toute une production après lui, qui a commencé à n'avoir aucun droit de cité, tant elle était terre à terre, dans la « littérature française ». Cet esprit spécial qui a fait rejeter avec le dédain le plus absolu, sans réussir à l'étrangler tout à fait, tout un courant qui se proposait d'exprimer les choses de la vie, est déjà établi et explicite dans les quelques pages que La Harpe consacrait à Piron entre 1797 et 1800.

Piron n'est peut-être pas un des plus grands poètes français — et je n'éprouve rien de particulièrement passionnel à son égard — mais, comme Vadé, il a drainé en son temps plus de public et d'applaudissements au théâtre de la Foire que tous les classiques réunis n'en avaient jamais eu au théâtre Français. Voici comment La Harpe, un homme intelligent et sensible, lui règle son compte, et à travers lui à ce qu'il appelle, comparé aux efforts « sublimes » des pseudo-latins, « la platitude » : « Piron n'est qu'un bouffon tout farci de quolibets en équivoques triviales, et qui en se permettant tout, ne rencontre presque jamais un mot qui fasse excuser la chose. Quant au dialogue et aux vers, il tombe à tout moment dans le dernier excès de la grossièreté, et ici du moins l'on peut citer pour la satisfaction des curieux » :

> *Vous me causez*
> *Un transport de tendresse ;*
> *Vous m'arrosez*
> *D'un coulis d'allégresse.*
> *Petit pot à cornichons,*
> *Allons, allons,*
> *Te donner un couvercle, allons.*

C'est vrai que c'est un couplet érotique — et que l'érotisme a toujours été tenu bien bas par les tenants des « romanités »

— mais ceci ne l'est pas (malgré les apparences), que La Harpe donne ensuite comme exemple de « dégoûtant » :

> *On va m'accabler de reproche ;*
> *Le désespoir vient me saisir.*
> *Frippe-sauce, fais-moi plaisir ;*
> *Débroche la broche et m'embroche.*
> *Perce-moi tripe et boyau,*
> *Traite-moi comme un aloyau.*

« C'est un cuisinier qui parle (aurait-il dit) ; oui, et cela est mauvais, même pour un cuisinier », ajoute La Harpe. Plus simplement il s'agit du registre vernaculaire, plutôt drôle, dans une langue vigoureuse dont on s'étonne qu'elle n'ait pas eu davantage de rejetons. Il faut bien voir où se situe la ligne de démarcation : je pense que le jeu d'assonances *Débroche la broche et m'embroche* est ressenti comme « burlesque », et que la dignité aurait voulu *Défais pour moi ce glaive tout de viandes chargé*, de même que *Perce-moi tripe et boyau* apparaît comme une odieuse « platitude ». Exactement comme un correcteur de copie actuel, La Harpe corrigerait : *Enfonce-le dans mes entrailles.*

Quant à ces rimes, que je trouve pour ma part tout à fait vigoureuses, il les cite comme écrites « dans le dessein original d'écorcher les oreilles » :

> *Je savais bien, vilain masque,*
> *Que ton chien de cœur fantasque*
> *Me préparait cette frasque.*
> *L'honnête homme que voilà !*
> *Crains pour ton visage flasque*
> *Quelque terrible bourasque,*
> *Et que je ne te démasque*
> *Avec ces dix ongles-là.*

« Mais le plus rare assemblage de platitudes — continue La Harpe —, c'est ce couplet-ci, toujours sur le même air » :

> *Est-ce une vision ? ouffle !*
> *L'étonnement me boursouffle...*
> *Ah ! je respire, je souffle ;*
> *C'est lui, c'est Phanès, hélas !*
> *Notre beauté n'est qu'un souffle.*
> *L'escarpin devient pantouffle.*
> *C'est pourtant moi : quoi ! marouffle,*
> *Tu ne me reconnais pas ?*

On voit clairement à travers ces exemples qu'en réalité c'est le plaisir du jeu qui est banni de la langue (à peu près tout Brassens serait rayé par ce même crayon vengeur !). Au fond, ce que rejette ici le censeur, c'est l'absence évidente de latinité ; ce qu'il refoule, c'est le plaisir langagier (La Harpe avoue ne rien comprendre à Rabelais, par exemple), opposé à la rigueur d'un propos qui, sur le modèle cicéronien, part de A pour aller à Z. Le cocasse des sonorités, l'amusement des rythmes, n'entrent pas dans une telle logique — ce que recouvrent les mots « clarté et pureté » de la langue. Dans ce monde voué au sublime, la drôlerie aussi est impure ; La Harpe passe presque entièrement sous silence l'excellent poète Scarron. « On ne cite guère qu'en ridicule les vers de Scarron à Sarrazin » :

> *Sarrazin*   *N'es-tu pas*
> *Mon voisin,*   *Barrabas,*
> *Cher ami*   *Basiris,*
> *Qu'à demi*   *Phalaris,*
> *Je ne vois*   *Ganelon*
> *Dont, ma foi,*   *Le félon,*
> *J'ai dépit*   *De savoir*
> *Un petit,*   *Mon manoir*

Peu distant,	*Dès demain*
Et pourtant	*Mal S. Main* [1]
De ne pas	*Sur ta peau*
De ton pas	*Bien et beau*
Ou de ceux	*S'étendra*
De tes deux	*Et fera*
Chevaux gris	*Tout ton cuir*
Mal nourris,	*Convertir*
Y venir	*En farcin.*
Réjouir	*Lors, mal sain*
Par des dits	*Et poury,*
Esbaudits	*Bien marry*
Un pauvret	*Tu seras*
Très maigret,	*Et verras*
Au col tors,	*Si j'ai tort*
Dont le corps	*D'être fort*
Tout tortu,	*En émoi*
Tout bossu,	*Contre toi.*
Suranné,	*Mais pourtant,*
Décharné,	*Repentant,*
Est réduit,	*Si tu viens*
Jour et nuit,	*Et te tiens*
A souffrir,	*Un moment*
Sans guérir,	*Seulement*
Des tourments	*Avec nous,*
Véhéments ?	*Mon courroux*
Si Dieu veut,	*Finira,*
Qui tout peut,	*Et cœtera.*

« Ces prétendus tours de force ne prouvent que la manie puérile de s'occuper laborieusement de petites choses — commente La Harpe — et l'on peut en dire autant de toutes les belles inventions de ce genre, imaginées apparemment

---

1. L'appellation populaire *mal de saint Maing* désigne la lèpre, la gale...

par ceux qui avaient du temps à perdre. » Oui, bon,
d'accord... mais toute la littérature aussi ! Dans des pays où,
face à une réalité politique différente, c'est au contraire la
tendance vernaculaire qui l'a emporté sur le lobby latin,
comme en Angleterre, ces jeux, cette fantaisie, sont devenus
et demeurés des éléments fondamentaux de la langue.
L'anglais pratique cette spontanéité ludique depuis toujours,
et pas seulement dans les *nursery rhymes* — dont l'esprit se
trouve vertement tancé pour cause d'absurdité dans cet
exemple pris chez Sedaine :

> *Je rêvais que notre grange*
> *Me paraissait toute en feu.*
> *J'en ai vu sortir un ange ;*
> *Il était en habit bleu.*
> *Il me présente une orange ;*
> *Moi, je me recule un peu.*
> *Il me dit que je la mange ;*
> *Moi, je me recule un peu.*
> *Il me dit que je la mange ;*
> *La grange était toute en feu.*

Commentaire de La Harpe : « Voilà un plaisant rêve et de
plaisans vers ! Était-ce une gageure de chanter sur un théâtre
de la capitale ce qui est absolument dénué de sens ? »

Il faudra attendre des gens comme Charles Cros et ses
copains zutistes, en France, pour que repointe dans la littérature un peu de cet humour-là, puis les surréalistes, naturellement, et tout le tralala un peu pesant dont on les a entourés.

Au nom du bon goût et du sublime, voici enfin la strophe
de Piron que La Harpe propose à la risée des amateurs : le
comble de l'horreur ! Le morceau est totalement dépourvu
de grandiose, c'est vrai — mais quelle verve chez cette
Rosette, gamine qui décide de se « libérer » et de s'envoyer
sans plus attendre le petit copain Colin :

Colin, campos, courage, allons !
Ma mere a tourné les talons.
Les chats décampés, les rats dansent,
D'aujourd'hui mes beaux jours commencent.
Ah ! l'on compte que j'aurai donc
    Les deux pieds dans un chausson !
Je ne suis pas si sotte,
        Et plan, plan, plan,
Place au régiment de la calotte.

Et La Harpe de s'indigner : « Cette Rosette, qui n'a que douze ans, et qui est une bergere de village, parle comme si elle avait été élevée dans les coulisses de la Foire : le style de Vadé n'est-il pas bien placé là ? » Assurément ! C'est le ton qui nous est si cher aujourd'hui dans... Shakespeare [1]. Cette pétulence existait tout à fait dans la langue française, longtemps après Rabelais, dont on nous rebat abusivement, pour ne pas dire faussement, les oreilles. C'est dommage que tant de « grandeur », de pompeux Phyllis, de glorieuses Chloé, aient dû lui couper le sifflet... Car, pour que l'exposé soit complet, il ne faut pas oublier de prendre un aperçu des faveurs de La Harpe dans le même domaine bucolique, citer au moins quelques vers qu'il donne en exemple de réussite. Il faut bien voir l'autre face de l'alternative, la sotte bergerie, la niaiserie ampoulée — mais à la romaine ! — dont il se régale, qu'il prône au nom de la vérité et du bon goût français. Je tire cet élément de comparaison d'un morceau de Favart qu'il relève explicitement : « Dans Favart [les personnages] sont toujours villageois ; tout ce qu'ils disent est du village. »

1. Shakespeare était pour La Harpe un homme de talent assez bon pour son siècle inculte. Il s'est « quelquefois élevé jusqu'au sublime des pensées », mais après nos Corneille et Racine il devient de la roupie de sansonnet ! « [...] il n'appartient plus qu'à la prévention nationale chez les Anglais, ou parmi nous à la manie paradoxale, de comparer les maîtres [...] à un écrivain qui dans la barbarie de son pays et dans celle de ses écrits, fit briller des éclairs de génie. »

> *Dans ma cabane obscure,*
> *Toujours soucis nouveaux;*
> *Vent, soleil ou froidure,*
> *Toujours peine et travaux.*
> *Colette, ma bergere,*
> *Si tu viens l'habiter,*
> *Colin dans sa chaumiere*
> *N'a rien à regretter* [1].

Voilà le mythe de la « belle » langue. Virgilienne?... Sans faire un chagrin à retardement, j'avoue que je préfère le cru et, tant pis, le vulgaire privé de fées de la langue d'usage — et puisqu'on parlait de Piron (que Voltaire redoutait), ce n'est pas n'importe quel vieillard qui, la veille de sa mort, à quatre-vingt-trois ans, totalement aveugle, trouve le moyen de s'écrire à lui-même ce mot d'adieu en style trivial :

> *J'achève ici-bas ma route,*
> *C'était un vrai casse-cou;*
> *J'y vis clair, je n'y vois goutte,*
> *J'y fus sage, j'y fus fou.*
> *Pas à pas j'arrive au trou*
> *Que n'échappe fou ni sage,*
> *Pour aller je ne sais où...*
> *Adieu, Piron; bon voyage!*

Au fond, ils se sont peut-être tous trompés lourdement : Piron n'était pas nécessairement « qu'un bouffon tout farci de quolibets en équivoques triviales ». Elle était peut-être là, la vraie grandeur romaine !

---

1. C'est la différence entre Georges Guétary et Georges Brassens.

Ce développement un peu long était destiné à répondre à ta question sur la constitution du mythe. La princesse fut portée sur les fonts baptismaux il y a bien longtemps en l'honneur de Virgile... Tout est contenu là-dedans. Le prof qui a rejeté *lâcher sa voiture* d'un coup de crayon rouge n'avait probablement pas lu La Harpe, ni Piron. Pourtant c'est le fondement de ce qu'il a dans la tête, à son insu — la statue aux pieds d'argile qui explique son refus du mot. Il n'y a aucune autre justification pour que ça fonctionne ainsi : la raison est impalpable, elle est indicible, fondue dans l'air du temps, au point qu'elle est évidemment indiscutable. Le caractère proprement « injustifiable » du refus donne à penser qu'il doit y avoir un vrai motif quelque part, que quelqu'un connaît... Dans notre société raisonnable — elle l'est par bien des aspects —, on n'aime pas se rendre compte que l'on agit d'une manière purement irrationnelle. Or nous avons tous, en tant que Français élevés en France, intériorisé profondément une crainte, devenue instinctive, de la langue parlée — à la suite de plusieurs générations d'enseignants, de littérateurs de second ordre, puis par osmose, par la force irrépressible du sentiment ambiant : la peur et le refus du vernaculaire, de la langue de la maison.

Pourtant c'est vrai, le double discours de La Harpe et de ses contemporains (fondé en partie sur la splendeur de la latinité) explique que le mot *maçon* ait été spontanément et si bizarrement refusé par un correcteur ou une correctrice — dans un mouvement de type « épidermique », et en dehors de toute réflexion, bien sûr. Il explique les trois quarts, pour ne pas dire les neuf dixièmes, des annotations dans les marges des millions de copies qui défilent chaque année sous le crayon rouge ou bleu de dizaines de milliers de correcteurs. Il explique et « justifie » la constitution du français scolaire et surtout son acceptation aveuglée : les « sujet-verbe-complément » dont nous observerons tout à l'heure les ravages et qui sont la cause la plus directe de la crise actuelle de l'enseignement du français — et par voie de conséquence de l'enseignement tout court. Il explique tout simplement les habitudes langagières en France, auxquelles nous ne prêtons pas attention par la force de l'habitude, jointe à un sentiment de fatalité, comme notre prose officielle, la pédanterie exacerbée de nos communications les plus banales pour peu qu'elles aient un caractère « public », le formalisme pompeux de toutes les « prises de parole » dans le pays...

Car il y a quelque chose d'infiniment « gouvernemental » dans notre langue. En effet cette mise à distance du vernaculaire pour des raisons d'esthétique à l'antique s'est trouvée renforcée et institutionnalisée par la Révolution de 1789, puis dans la période napoléonienne, pour des raisons de politique active. Ce qui était une méfiance du « mot bas » dans le français courant au XVIIᵉ siècle — Furetière entend par « mot bas » celui « qui n'est dit que par le peuple », et par « peuple » il désigne tout ce qui n'est pas noblesse et le clergé, le « tiers état », bonne bourgeoisie comprise — devint dès la Convention un rejet des langues vernaculaires en tant que telles, et parce qu'elles appartenaient au peuple, au sens actuel de « masses populaires ». Parce qu'il faut bien se rendre compte que le « peuple », celui de 1789 et de la France profonde, était royaliste comme un phoque... « La réaction parle bas-breton » — ce fut le slogan de la bourgeoisie intellectuelle qui dirigeait la Révolution. Et c'était vrai ! Les chouans parlaient vendéen, pas français. Personne ne parlait français, hormis la bourgeoisie elle-même, la noblesse et le clergé. Il fallut donc accentuer la pression pour des motifs tout autres que littéraires : il fallait écraser les langues de la maison afin d'imposer sa langue et ses idées. Tout ce qui était vernaculaire devint d'autant plus odieux et sale que

beaucoup de pamphlets antijacobins étaient écrits et circu-
laient carrément en dialecte parisien !...

Avec l'Empire le mythe prit du corps — et même des
grands corps : l'administration centrale, la police, l'Université... Il devint le support d'un grand État réformateur,
expansionniste et extrêmement violent. La tendance vernaculaire fut à peu près entièrement refoulée chez les voyous et
les anarchistes du xixe, puis culpabilisée par l'ensemble de la
nation à mesure que se développait l'instruction publique et
qu'une forme de français standard, d'école et de caserne, se
répandait dans les populations activement consentantes.
En même temps les idées progressistes de la bourgeoisie
de gauche utilisaient ce français de base pour progresser
dans les populations ouvrières — et non pas les liber-
taires, qui utilisaient le vernaculaire le plus vigoureux :
c'est l'origine de cette scission de langue, au début du
xxe siècle, entre les anarchistes et assimilés, au langage
populaire dru, et les hommes de parti, à la langue pompeusement châtiée.

Nous n'avons jamais repensé la question. Nous avons pris
des habitudes. En particulier l'habitude d'accueillir comme
du bon pain la prose incompréhensible et indigeste de notre
administration : la moindre fiche de renseignements encom-
brée d'un style de Code pénal, nos écriteaux publics rédigés
comme des modes d'emploi, nos modes d'emploi comme des
casse-tête chinois. Précision et élégance ? La triste ironie !...
Est-ce que tu t'es déjà demandé pourquoi la voix des
répondeurs automatiques des PTT ne dit pas aux gens : « Le
réseau est encombré, rappelez donc un peu plus tard » ?...
Vernaculaire ? La langue de la maison ? Horreur ! On ne dit
même pas : « Veuillez rappeler plus tard » — ce serait du
trop bon français bien simple. A moi Rome, à moi les auteurs
latins au téléphone, drapez-moi dans ma dignité. Ma toge !
Vite !... Tu sais ce qu'elle répond la voix du téléphone, d'un
ton de cérémonie funèbre ?... « Par suite d'encombrement

du réseau, votre communication ne peut aboutir. Veuillez renouveler votre appel ultérieurement » !

Je sais, il y a des choses comme ça dans les sketches comiques... Mais à bien réfléchir, nous devrions être offensés que l'administration des PTT se paye ainsi notre fiole ! Surtout avec un coup de fil à donner — parfois urgent — et qui ne passe pas. On pourrait être irrité. Ce n'est pas toujours l'heure des pantalonnades. Eh bien non : car nous participons tous à l'existence de ce message ridicule. L'administration des PTT fonctionne sur un consensus général de ses usagers, comme les chemins de fer, comme toute autre entreprise publique — moitié intimidation langagière grossièrement héritée du xixe siècle, moitié... innocence. Oui, candeur. Parce que le monsieur qui a rédigé cette merveille n'est pas le roi des crétins ; c'est un fonctionnaire responsable, probablement au rang d'inspecteur — un type intelligent sans doute, qui fait son travail sérieusement... Qui touche probablement des primes. Il doit exister un service spécial aux Postes pour ce genre de « relation avec le public ». Je suis prêt à parier que la personne qui est directement à l'origine de ce charabia est quelqu'un de charmant. J'aimerais le rencontrer... D'ailleurs si, par le plus grand des hasards, tu l'avais, lui-même, au bout du fil, ou derrière un guichet, il t'expliquerait en termes directs : « Le réseau est encombré, monsieur, à cette heure-ci, je vous conseille de rappeler un peu plus tard... » Simplement. Sans chichis ni grossièreté.

Alors que se passe-t-il quand ce même homme, ou cette même femme, rédige sur un coin de son bureau le message qui devra être enregistré ? — ils se mettent peut-être à deux ou à trois... C'est simple : il se passe que la peur du vernaculaire s'empare de lui dès qu'il saisit son crayon à bille pour établir le premier brouillon... Car il l'écrit : une phrase pareille, ça ne s'invente pas. Il l'écrit, et les fées, l'école, tout lui tombe d'un coup sur la tête ! Alors il se réfugie instinctive-

ment dans un style de produit pharmaceutique. Le seul qu'on
lui ait recommandé quand il était élève, étudiant. Il ne se
pose même pas la question si le public veut ou ne veut pas du
drapé gréco-latin : « Veuillez renouveler votre appel ultérieurement ! » Il écrit ça pour être courtois, lui, pas pour
faire le Jacques !... Il est respectueux des usages. — Évidemment la jeune femme qui est chargée d'articuler devant un
micro cette phrase de haute technicité, elle a beau être une
rigolote dans la vie courante, elle se sent obligée de prendre
là un ton de roue de corbillard. D'ailleurs qui d'entre nous se
sent réellement offensé par de pareilles sornettes ?... A peu
près personne... Nous autres, les fées nous caressent... Elles
nous frisent le péplum : nous n'entendons même pas l'ânerie
— ou bien nous raccrochons très vite, c'est mon cas : « Par
suite d'encombrement... » plouf ! on repose l'appareil. Personne ne songe à faire un esclandre... Je suis même persuadé
que des tas de gens, lisant ceci, s'étonneraient de mon
étonnement.

C'est ça la puissance d'un mythe. Le mythe de la princesse,
ce n'est pas un croquemitaine de bazar : il conditionne
profondément les Français, y compris dans leur vie courante.
On pourrait rapprocher ce refus, en public, de la langue
vernaculaire — c'est-à-dire du parler de la maison — de la
difficulté qu'il y a en France à entrer physiquement chez les
gens... C'est un trait du caractère national : le Français invite
difficilement les gens chez lui — sa maison, son appartement,
sont des lieux très privés où l'on ne pénètre qu'au bout de
longs préliminaires. Cette répugnance à montrer son intérieur est-elle un reflet de la même pudeur qui retient de
prononcer devant la foule les mots de tous les jours — qui
retient d'écrire la langue « familiale » ?... Nous parlons de la
puissance des mythes : la langue a-t-elle ce pouvoir ?...

Les mots interdits : l'abbé Delille

Il peut être utile de compléter le tableau des sentiments littéraires à la fin du XVIIIe siècle par un regard sur le plus grand poète du temps : l'abbé Jacques Delille. L'abbé Delille, né en 1738 à Aigueperse, en Auvergne, mort à Paris en 1813, représentait l'idéal de la versification française depuis sa traduction des *Géorgiques* de Virgile en 1769. Il a publié aussi *les Jardins*, en 1780, *l'Homme des champs* (1800), etc. Véritable gloire nationale, on l'appelait le « dupeur d'oreille », à cause de la manière charmeuse dont il faisait entendre l'harmonie de ses vers lorsqu'il les disait. Ses funérailles, sous l'Empire, furent une apothéose — semblables à celles de Victor Hugo soixante-douze ans plus tard, sous la République. Dès le dernier soupir, son corps fut transporté au Collège de France, où il enseignait la poésie latine, pour y êre embaumé puis exposé en très grande pompe dans la salle d'honneur, le visage fardé « comme celui d'une actrice », la tête ceinte d'une couronne de lauriers, afin que la foule pût venir lui rendre un dernier hommage pendant plusieurs jours...

Delille est devenu sous les romantiques, par un total revirement de fortune, le « poète sans poésie », le versificateur froid par excellence. C'est vrai qu'il décrit tout ce qu'il voit, dans des vers extrêmement châtiés, sans l'émotion ni le pathos que les romantiques se crurent obligés de mettre dans le moindre buisson.

> Ici, c'est un hameau que des bois environnent ;
> Là, de leurs longues tours les cités se couronnent
> Et l'ardoise azurée, au loin frappant les yeux
> Court en sommet aigu se perdre dans les cieux.
> Oublierai-je ce fleuve, et son cours et ses rives ?
> Votre œil de loin poursuit les voiles fugitives...
>
> Et si la vaste mer à vos yeux se présente
> Montrez, mais variez cette scène imposante :
> Ici, qu'on l'entrevoie à travers des rameaux ;
> Là, dans l'enfoncement de ces profonds berceaux,

Comme au bout d'un long tube une route la montre
Au détour d'un bosquet ici l'œil la rencontre,
La perd encore ; enfin la vue en liberté,
Tout à coup la découvre en son immensité.

                                        (*Les Jardins*, chant I.)

Tantôt un bois profond, sauvage, ténébreux
Épanche une ombre immense ; et tantôt moins nombreux
Un plant d'arbres choisis forme un riant bocage.
Plus loin, distribués dans un frais paysage,
Des groupes élégants fixent l'œil enchanté.
Ailleurs, se confiant à sa propre beauté
Un arbre seul se montre, et seul orne la terre.

                                        (*Les Jardins*, chant II.)

Ce n'est évidemment pas de la poésie à fendre l'âme... C'est de la poésie descriptive, et il est possible que Delille, qui est un bon conseiller paysagiste, aurait trouvé grotesques les outrances champêtres de ses successeurs morfondus.

Le vert du peuplier combat celui du chêne
Mais l'art industrieux peut adoucir leur haine.
Et de leur union médiateur heureux
Un arbre mitoyen les concilie entre eux.
Ainsi par une teinte avec art assortie
Vernet de deux couleurs éteint l'antipathie.
Connaissez donc l'emploi de ces différents verts
Brillants ou sans éclat, plus foncés ou plus clairs.
C'est par ces tons changeants qu'au sein des paysages,
Vous pouvez avec choix varier les ombrages,
Produire des effets tantôt doux, tantôt forts,
Des contrastes frappants ou de moelleux accords.

                                        (*Les Jardins*, chant II.)

Eh ! qui n'a pas de l'onde
Éprouvé sur son cœur l'impression profonde
Toujours, soit qu'un courant vif et précipité,
Sur des cailloux bondisse avec agilité,
Soit que sur le limon une rivière lente
Déroule en paix les plis de son onde indolente ;
Soit qu'à travers des rocs un torrent en courroux
Se brise avec fracas ; triste ou gai, vif ou doux,
Leur cours excite, apaise, ou menace ou caresse.

                                        (*Les Jardins*, chant III.)

Voici à présent de larges extraits d'une étude due à Pierre Citron, *A propos des mots interdits,* publiée dans un ouvrage récent consacré au poète par des professeurs clermontois : *Delille est-il mort*[1] ? (Il était né à Aigueperse, en Auvergne.)

> Delille est aux yeux de tous le versificateur timide qui n'ose s'exprimer que par circonlocutions. Autant que le ridicule de ses périphrases, on incrimine la peur du mot propre qui semble constamment le paralyser. Il appauvrit le vocabulaire, tel est le reproche fondamental. Contre lui, les romantiques défendent la richesse et la vigueur de notre langue ; ils semblent mettre d'ailleurs quelque malignité à le désigner le plus souvent par son titre d'abbé, comme s'ils cherchaient à associer une émasculation du langage à une chasteté obligée. Bien injustement : il était marié.
>
> Mais le fait est là : pour ceux qui jetteront bas sa gloire, son crime est d'avoir réduit le nombre de mots utilisables par les poètes. En 1828, c'est Émile Deschamps dans la préface des *Études françaises et étrangères :* « Cet abbé, avec tout son talent, a singulièrement appauvri la langue poétique, en croyant l'enrichir, parce qu'il donne toujours la périphrase à la place du mot propre. » Quelques années plus tôt, Stendhal avait déjà écrit dans *Racine et Shakespeare :* « L'abbé Delille ne jouissait déjà plus des mots employés par La Fontaine. » Naturellement, il vise juste. C'est bien à La Fontaine, poète des champs et des bois, qu'il faut se référer pour jauger Delille : l'univers extérieur où ils promènent leurs regards est en gros le même.

Ce qui montre le poids que peut avoir l' « idéologie dominante » sur un individu, même s'il est lui-même formateur d'opinion, c'est que Delille, à ses débuts dans la littérature, avait parfaitement analysé le phénomène, comme en témoigne ce passage de son *Discours préliminaire* aux *Géorgiques* (1769) :

> Parmi nous, la barrière qui sépare les Grands du Peuple a séparé leur langage ; les préjugés ont avili les mots comme les hommes, et il y a eu, pour ainsi dire, des termes nobles et des termes roturiers. Une délicatesse superbe a rejeté une foule d'expressions et d'images. La langue, en devenant plus décente, est devenue plus pauvre ; et comme les Grands ont abandonné au Peuple l'exercice des Arts, ils lui ont abandonné aussi les termes qui peignent leurs opérations. De là la nécessité d'employer des circonlocutions

---

1. Ouvrage collectif, Clermont-Ferrand, G. de Bussac, 1967.

timides, d'avoir recours à la lenteur des périphrases, enfin d'être long de peur d'être bas ; de sorte que le destin de notre langue ressemble assez à celui de ces gentilshommes ruinés, qui se condamnent à l'indigence de peur de déroger. A la pauvreté s'est jointe la faiblesse. Le peuple met dans son langage cette franchise énergique qui peint avec feu les sentiments et les sensations. Le langage des Grands est circonspect comme eux. Aussi dans tous les pays où le peuple donne le ton, on trouve dans les écrits des sentiments si profonds, si forts, si convulsifs, si j'ose m'exprimer ainsi, qu'il est impossible de les faire passer dans une langue qui exprime faiblement, parce que ceux qui donnent le ton sentent de même.

Commentaire de Pierre Citron :

Beau feu de la jeunesse. Delille a trente et un ans. A trente-six ans, sans avoir rien fait qu'une traduction, il sera de l'Académie, et laissera niveler sa fougue sous le rouleau compresseur des conventions sociales et mondaines. Lorsqu'à quarante-quatre ans il publiera *les Jardins*, à soixante-deux *l'Homme des champs*, il s'abandonnera en toute sérénité au « destin de notre langue » et à la décadence qu'il y diagnostiquait, et, plutôt par bonne conscience que par humilité, joindra la pauvreté à la faiblesse, pour reprendre ses propres termes. Aucun sentiment « convulsif » ne paraîtra dans ses vers, et les termes « roturiers » y seront noyés dans la marée des termes « nobles ». Ses audaces sont si minces que son panégyriste R. de Souza en est réduit à célébrer son courage pour avoir nommé en toutes lettres un chou, des navets, une vache.
Déjà, aux yeux de son public, de ses collègues, c'était apparemment trop. Les attaques ne manquèrent pas [1]...

On touche ici le fond du problème : ce rejet de la langue simple et directe qui s'est transporté de la poésie « classique » du XVIIIe siècle, par pure reproduction, dans les mentalités de la fin du XIXe siècle officiel et, de là, jusque dans l' « humeur » contemporaine qui guide la main apeurée à la fois du correcteur de copies et du rédacteur administratif. Le « non-dit » — mais encore une fois très profondément intériorisé par l'école et l'Université tout entière —, c'est que la langue de Racine continue toujours à être le modèle, la référence implicite du « bon goût » — au-delà des mots

---

1. Parmi ces attaques, il est drôle de relever un médiocre pamphlet de Rivarol lui-même, en 1782 : *la Plainte du Chou et du Navet contre « les Jardins » de l'abbé Delille,* en vers.

bien sûr, même chez ceux qui n'ont jamais lu Racine, dans l'esprit d'un académisme suranné. On ne peut pas expliquer autrement le fait qu'une expression d'usage courant, par exemple, qui exprime parfaitement ce qu'elle veut dire, et fermement, choque dans une dissertation, et soit automatiquement rejetée. Non pas parce qu'elle est grossière. Elle paraît déplacée simplement parce qu'elle est « d'usage courant », et qu'elle fait référence au vernaculaire, à la « maison ». Pourquoi, autrement, le haut-le-cœur scandalisé et la remarque « mal dit, on n'écrit pas ainsi » à l'élève de première — élève d'une école normale d'instituteurs, soit redit en passant (reproduction, reproduction !) — qui commente l'intransigeance d'Alceste par ces mots prudents, dans une phrase bien équilibrée : « Il ne veut pas, comme l'on dit, *mettre de l'eau dans son vin* » ?... Qu'est-ce qu'il y a d'incongru, ou de sale, ou d'inexact, dans cette façon ordinaire de dire « tempérer ses humeurs et ses exigences » ?... On cherche ! La réponse est certainement cachée dans les entourloupes châtiées de Delille — de ses semblables, de son siècle ! — transportées en catimini jusqu'à nos salles de classe.

Pourquoi Delille, plus que J.-B. Rousseau ou Parny, a-t-il été pris pour cible ? Évidemment au nom du sens de l'adéquation entre l'univers des poètes et celui du réel. Rousseau et Parny utilisaient le vocabulaire de Racine à exprimer ou des sentiments ou des idées générales. Delille le met au service d'un univers avant tout matériel. Racine, Rousseau et Parny n'ont pas eu à éviter tout ce que les sujets choisis par Delille lui imposaient d'évoquer. Le fumier :

> *Que la cendre tantôt, tantôt les vils débris*
> *Des grains dont sous leurs toits vos pigeons sont nourris,*
> *Tantôt de vos troupeaux la litière féconde*
> *Changent en sucs heureux un aliment immonde.*

Le ténia :

> *...et le ver assassin*
> *En rubans animés vivant dans notre sein.*

L'orang-outang :

> *En vain nous étalant sa forme presque humaine,*
> *Et sa large poitrine, et sa taille hautaine,*
> *Et ses adroites mains, l'homme inculte des bois*
> *Sur nous des animaux revendique les droits.*

La machine à vapeur :

> *Surtout quand de Papin l'hermétique clôture*
> *Concentre dans l'airain la chaleur qu'il endure.*

D'où les railleries romantiques : « Quel misérable progrès de versification qu'un logogriphe en huit alexandrins dont le mot est *carotte* ou *chiendent* ! »

Ce serait prêter trop de raffinement à Delille que de voir chez lui le désir pervers de maintenir un écart aussi large que possible entre un univers bas et un langage noble, de tout dire, même le plus trivial ou le plus osé, avec une irréprochable décence extérieure, et de fermer les portes du langage pour mieux ouvrir celles de la vérité. La pensée de ces acrobaties, qui seront celles de l'*Histoire d'O,* n'a guère dû se présenter à un homme comme Delille.

Tout n'est d'ailleurs pas que périphrase chez lui, et si, dans les exemples que je viens de citer, le mot du rébus n'est pas prononcé, il l'est, à côté de la périphrase, dans bien d'autres cas — notamment dans les célèbres vers sur le café.

C'est que la poétique de Delille en gros est celle de Voltaire, et que son vers tend non pas à exprimer ce qui ne pourrait être dit autrement, mais à plaquer sur la matière choisie une façade décorative dont on tente de faire oublier qu'elle est un masque.

Tout dire en ornant tout (et à la limite Delille pourrait décrire, dans le vers, la langue et le vocabulaire de *Bérénice,* un orang-outang se débarrassant de son ténia sur un tas de fumier) : le goût est dans les paroles et non dans les choses ou les actes. Langage poétique et univers du poète ne se recouvrent pas, et tirent même parfois quelque piquant de leur indépendance réciproque. C'est le mot qui est condamnable en soi. Nous sommes à mi-chemin, avec Delille, entre les « commodités de la conversation » des précieuses (et même le « retranchement des syllabes sales » qui leur est attribué), et la pudeur victorienne qui appellera un pantalon un « inexprimable ». Ne pouvant abolir ni les fauteuils, ni les culottes, ni leur contenu, on refuse les mots qui les désignent. Reste de mentalité primitive, analogue au réflexe qui faisait nommer les Érinnyes des Euménides, ou à celui qui pousse certains Marocains à appeler le charbon « le blanc » parce que pour eux le noir est de mauvais augure, et qu'ils croient conjurer le mauvais sort en écartant le mot qui pourrait lui servir de véhicule ? Plus simplement, mince barrière contre le déferlement du réel, baptisée goût par une tout aussi mince société incapable de faire face à ce réel. Au fond, simple hypocrisie. Delille est un Tartuffe — et il en a d'ailleurs bien la tête.

Tartuffe !... D'accord, et le XIXe siècle, malgré l'esbroufe de certains littérateurs, n'a fait, sur le plan scolaire et universitaire, qu'asseoir cette tartufferie et la hausser au rang de doctrine : pas de trivialité chez nous ! Attention aux barbares ! C'est le comble : attention à *nous !...*

Un aventurier occitan

Antoine Rivaroli est né à Bagnols, dans le Languedoc, en 1753. Il était le fils d'un aubergiste d'origine italienne, à l'enseigne prometteuse des *Trois Pigeons,* et l'aîné d'une famille de seize enfants. Antoine fit des études au séminaire, ce qui l'amena à être quelque temps professeur à Avignon, puis précepteur à Lyon, sous le nom de Longchamps. Il débarqua enfin à Paris en 1777, sous le nom de Deparcieux, se faisant passer pour un parent de l'illustre mathématicien et physicien d'Uzès, l'inventeur des tables de mortalité, qui était lui-même décédé depuis quelques années. La famille du savant l'ayant prié vivement de n'en rien faire, Antoine se nomma carrément et sans hésiter « comte de Rivarol ». En cette qualité il vécut d'expédients et de filouterie, et profita du fait qu'il était fort bel homme, très brillant causeur et méchant comme la gale, pour se faire admettre dans les salons parisiens, puis à la cour, naviguant absolument partout avec l'aplomb et la ruse des aventuriers romanesques. Il en était là lorsque l'Académie de Berlin proposa, en 1781, un concours à la mode du temps sur « les causes de l'universalité de la langue française ». Rivarol saisit l'occasion à la perruque, obtint le premier prix, *ex æquo* avec une dissertation allemande, et se lança ainsi dans les lettres françaises, où il produisit par la suite deux ou trois libelles acides, et une traduction frelatée de *l'Enfer* de Dante. — Voilà toute l'histoire de ce fameux *Discours sur l'universalité,* dont on a beaucoup parlé, où Rivarol flatte la bête avec impudeur dans un tel style de camelot courtisan que... ça a marché ! D'autant mieux qu'on en garde simplement l'idée, flatteuse, et qu'on ne le lit jamais. Pierre Larousse, qui était allé voir de plus près, juge que « c'est l'œuvre d'un spirituel ignorant, un recueil d'aperçus ingénieux, de traits fins, entremêlés de fautes de goût et d'effroyables bévues ». Il n'est pas superflu ici de jeter un œil sur ce pilier du mythe, afin de mieux saisir sur quoi repose, dans ce domaine, notre orgueil national.

Après avoir suggéré tout le mal possible des Anglais et de leur littérature (il s'adressait à Berlin), Rivarol explique que nous sommes les meilleurs parce que nous sommes les plus gracieux :

> Mais le Français, ayant reçu des impressions de tous les peuples de l'Europe, a placé le goût dans les opinions modérées, et ses livres composent la bibliothèque du genre humain. Comme les Grecs, nous avons eu toujours dans le temple de la gloire un autel pour les Grâces, et nos rivaux les ont trop oubliées.

Notre langue possède un génie spécial, celui de la raison : sujet-verbe-complément.

> Ce qui distingue notre langue des langues anciennes et modernes, c'est l'ordre et la construction de la phrase. Cet ordre doit toujours être direct et nécessairement clair. Le français nomme d'abord le *sujet* du discours, ensuite le *verbe* qui est l'action, et enfin l'*objet* de cette action : voilà la logique naturelle à tous les hommes ; voilà ce qui constitue le sens commun. Or cet ordre, si favorable, si nécessaire au raisonnement, est presque toujours contraire aux sensations, qui nomment le premier l'objet qui frappe le premier. C'est pourquoi tous les peuples, abandonnant l'ordre direct, ont eu recours aux tournures plus ou moins hardies, selon que leurs sensations ou l'harmonie des mots l'exigeaient ; et l'inversion a prévalu sur la terre, parce que l'homme est plus impérieusement gouverné par les passions que par la raison.

Nous sommes froids comme des concombres, notre langue est donc pure, incorruptible, et claire.

> Le français, par un privilège unique, est seul resté fidèle à l'ordre direct, comme s'il était tout raison, et on a beau, par les mouvements les plus variés et toutes les ressources du style, déguiser cet ordre, il faut toujours qu'il existe ; et c'est en vain que les passions nous bouleversent et nous sollicitent de suivre l'ordre des sensations : la syntaxe française est incorruptible. C'est de là que résulte cette admirable clarté, base éternelle de notre langue. *Ce qui n'est pas clair n'est pas français.*

... donc incomparable...

Mais la langue française, ayant la clarté par excellence, a dû chercher toute son élégance et sa force dans l'ordre direct ; l'ordre et la clarté ont dû surtout dominer dans la prose, et la prose a dû lui donner l'empire. Cette marche est dans la nature : rien n'est en effet comparable à la prose française.

... la plus abstraite, la plus scientifique...

Il y a des pièges et des surprises dans les langues à inversions. Le lecteur reste suspendu dans une phrase latine comme un voyageur devant des routes qui se croisent ; il attend que toutes les finales l'aient averti de la correspondance des mots ; son oreille reçoit, et son esprit, qui n'a cessé de décomposer pour composer encore, résout enfin le sens de la phrase comme un problème. La prose française se développe en marchant et se déroule avec grâce et noblesse. Toujours sûre de la construction de ses phrases, elle entre avec plus de bonheur dans la discussion des choses abstraites, et sa sagesse donne de la confiance à la pensée. Les philosophes l'ont adoptée, parce qu'elle sert de flambeau aux sciences qu'elle traite, et qu'elle s'accommode également et de la frugalité didactique et de la magnificence qui convient à l'histoire de la nature.

Elle est honnête par essence !... Ce qui lui vaut son universalité !

Si on ne lui trouve pas les diminutifs et les mignardises de la langue italienne, son allure est plus mâle. Dégagée de tous les protocoles que la bassesse inventa pour la vanité et la faiblesse pour le pouvoir, elle en est plus faite pour la conversation, lien des hommes et charme de tous les âges ; et, puisqu'il faut le dire, elle est, de toutes les langues, la seule qui ait une probité attachée à son génie. Sûre, sociale, raisonnable, ce n'est plus la langue française, c'est la langue humaine : et voilà pourquoi les puissances l'ont appelée dans leurs traités : elle y règne depuis les conférences de Nimègue, et désormais les intérêts des peuples et les volontés des rois reposeront sur une base plus fixe ; on ne sèmera plus la guerre dans des paroles de paix.

... évidemment éternelle, par conséquent, quoi...

Si nous avions les littératures de tous les peuples passés, comme nous avons celle des Grecs et des Romains, ne faudrait-il pas que tant de langues se réfugiassent dans une seule par la traduction ?

Ce sera vraisemblablement le sort des langues modernes, et la nôtre leur offre un port dans le naufrage. L'Europe présente une république fédérative composée d'empires et de royaumes, et la plus redoutable qui ait jamais existé. On ne peut en prévoir la fin, et cependant la langue française doit encore lui survivre. Les États se renverseront, et notre langue sera toujours retenue dans la tempête par deux ancres, sa littérature et sa clarté.

Tout ça parce que c'est la langue d'une élite ! Pas des bouseux ou des pénibles forçats du boulot !... Elle a été formée par une noblesse exquise... Vous, messieurs dames, justement, vos âmes aux goûts dédaigneux... Vous, mes amours...

Par tous les mots et toutes les expressions dont les arts et les métiers ont enrichi les langues, il semble qu'elles aient peu d'obligations aux gens de la cour et du monde ; mais, si c'est la partie laborieuse d'une nation qui crée, c'est la partie oisive qui choisit et qui règne. Le travail et le repos sont pour l'une, le loisir et les plaisirs pour l'autre. C'est au goût dédaigneux, c'est à l'ennui d'un peuple d'oisifs, que l'art a dû ses progrès et ses finesses. On sent en effet que tout est bon pour l'homme de cabinet et de travail qui ne cherche, le soir, qu'un délassement dans les spectacles, et les chefs-d'œuvre des arts ; mais, pour les âmes excédées de plaisirs et lasses de repos, il faut sans cesse des attitudes nouvelles et des sensations toujours plus exquises.

Et enfin le fondement de nos pratiques scolaires et universitaires si châtiées : tenons la langue loin au-dessus des gens qui la parlent — elle n'en sera que plus élevée, plus idéale, et plus universelle encore s'il est possible !

Les styles sont classés dans notre langue, comme les sujets dans notre monarchie. Deux expressions qui conviennent à la même chose ne conviennent pas au même ordre de choses, et c'est à travers cette hiérarchie des styles que le bon goût sait marcher. On peut ranger nos grands écrivains en deux classes. Les premiers, tels que Racine et Boileau, doivent tout à un grand goût et à un travail obstiné ; ils parlent un langage parfait dans ses formes, sans mélange, toujours idéal, toujours étranger au peuple qui les environne : ils deviennent les écrivains de tous les temps et perdent bien peu dans la postérité.

... en prime cette idée totalement fausse : si la langue est riche et variée comme la foule, elle vieillit plus vite...

Les seconds, nés avec plus d'originalité, tels que Molière ou La Fontaine, revêtent leurs idées de toutes les formes populaires, mais avec tant de sel, de goût et de vivacité, qu'ils sont à la fois les modèles et les répertoires de leur langue. Cependant leurs couleurs, plus locales, s'effacent à la longue ; le charme du style mêlé s'affadit ou se perd, et ces auteurs ne sont pour la postérité, qui ne peut les traduire, que les écrivains de leur nation.

Voilà... Le tour est joué, passez la monnaie.

Terminons, il est temps, l'histoire déjà trop longue de la langue française. Le choix de l'Europe est expliqué et justifié.

Merci.

Le guide absolu du bon goût

Dans les dernières années du XVIIIe siècle, Voltaire apparaît à tous comme le guide absolu du bon goût dans la langue et la littérature françaises. Son avis, ses critiques, vont être pour longtemps parole d'évangile, en particulier au travers des lexicologues du XIXe, quelle que soit l'évolution des mœurs, des hommes, de la langue... et des lois. En somme il devient l'origine d'une tradition absolument contraire à l'héritage de sa pensée, qui voulait la prééminence de l'esprit critique. Il était élitiste ?... Nous serons élitistes ! Lui, c'était pour des raisons précises de progrès des idées, pour la lutte contre le fanatisme et l'intolérance ?.,. Peu importe : nous ne retiendrons que le premier terme, nous serons élitistes, un point c'est tout !... Nous en ferons même une religion, s'il le faut. Ah mais ! Plus fidèle que nous, tu meurs !...

Or il se trouve que Voltaire était particulièrement pudibond, et qu'il ne pouvait souffrir les expressions populaires en particulier, jugées « basses ». Voici des extraits pris entièrement au hasard, dans *le Catalogue des écrivains français du siècle de Louis XIV* (1751) :

... sur celui qui fut son maître à penser :

> BAYLE (Pierre), né au Carlat dans le comté de Foix, en 1647, retiré en Hollande plutôt comme philosophe que comme calviniste, persécuté pendant sa vie par Jurieu, et après sa mort par les ennemis de la philosophie. [...] C'est par son excellente manière de raisonner qu'il est surtout recommandable, non par sa manière d'écrire, trop souvent diffuse, lâche, incorrecte, et d'une familiarité qui tombe quelquefois dans la bassesse.

... sur un obscur polisson un peu pornographe sur les bords (Voltaire fut énormément choqué par tout le mouvement appelé « littérature poissarde » ; il écrivit contre ces « polissons » un

Discours aux Welches qu'il signa du pseudonyme railleur : Antoine Vadé) :

> GACON (François), né à Lyon, en 1667, mis par le père Niceron dans le catalogue des hommes illustres, et qui n'a été fameux que par de grossières plaisanteries, qu'on appelle *brevets de la calotte*. Ces turpitudes ont pris leur source dans je ne sais quelle association qu'on appelait *le régiment des fous et de la calotte*. Ce n'est pas là assurément du bon goût. Les honnêtes gens ne voient qu'avec mépris de tels ouvrages et leurs auteurs, qui ne peuvent être cités que pour faire abhorrer leur exemple. [...] On n'en parle ici que pour inspirer le même mépris envers ceux qui pourraient l'imiter. Mort en 1725.

... sans oublier un aperçu de sa célèbre aversion désolée pour... le cul (*Dictionnaire philosophique*, 1764) :

> CUL
>
> On répétera ici ce qu'on a déjà dit ailleurs, et ce qu'il faut répéter toujours, jusqu'au temps où les Français se seront corrigés ; c'est qu'il est indigne d'une langue aussi polie et aussi universelle que la leur, d'employer si souvent un mot déshonnête et ridicule, pour signifier des choses communes qu'on pourrait exprimer autrement sans le moindre embarras.
>
> Pourquoi nommer *cul-d'âne* et *cul-de-cheval* des orties de mer ? pourquoi donc donner le nom de *cul-blanc* à l'ænante, et de *cul-rouge* à l'épeiche ? Cette épeiche est une espèce de pivert, et l'ænante une espèce de moineau cendré. Il y a un oiseau qu'on nomme *fêtu-en-cul* ou *paille-en-cul* ; on avait cent manières de le désigner d'une expression beaucoup plus précise. N'est-il pas impertinent d'appeler *cul-de-vaisseau* le fond de la poupe ?
> [...]
> Comment a-t-on pu donner le nom de *cul-de-sac* à l'*angiportus* des Romains ? Les Italiens ont pris le nom d'*angiporto* pour signifier *strada senza uscita*. On lui donnait autrefois chez nous le nom d'*impasse*, qui est expressif et sonore. C'est une grossièreté énorme que le mot de *cul-de-sac* ait prévalu.
> [...]
> Il est triste qu'en fait de langage, comme en d'autres usages plus importants, ce soit la populace qui dirige les premiers d'une nation.

Il faut bien voir, sous peine de malentendu, à propos de cette dernière phrase, que les dirigeants de la Révolution de 1789, tout comme ceux qui seront les chefs de la République cent ans plus tard, tous voltairiens dans l'âme, veillèrent en effet soigneusement à ce que ce ne fût pas la « populace » qui les dirigeât.

3

L'école des Shadocks

PAGÈS : Une chose m'intrigue, c'est l'acceptation si facile par tout le monde de l'idée d'une langue pure... Ça fait tout de même penser à « race pure » — et on a l'impression qu'il y a un peu le même sentiment derrière. Comment se fait-il que le même individu, qui refuse l'idée d'une race pure, et toutes les conséquences pratiques que cela suppose, puisse admettre, en toute bonne conscience et sans sourciller, l'idée d'une langue — française — qui serait pure ?

DUNETON : Je n'avais jamais fait le rapprochement... C'est vrai qu'en France on peut parler de « langue élue »... A l'inverse on peut dire que les nazis étaient des « puristes de la chair » ! En tout cas, si ce qu'on dit du racisme est vrai : qu'il est fondé sur la peur et l'ignorance, on peut tout à fait en dire autant du purisme. Il repose sur la peur d'une corruption de la langue, qui est le reflet de la peur inspirée par le peuple, le vulgaire : encore une fois la peur fantasmatique du barbare ! Et puis l'ignorance, oui... à la fois méconnaissance de l'autre, et illusion profonde sur le fondement d'une quelconque supériorité, dans les deux cas : purisme et racisme.

Un exemple qui m'amuse beaucoup, je l'ai dit, dans la véritable « ségrégation » des mots, c'est l'histoire de *par contre* et *en revanche*... *Par contre* est donc remplacé dans les marges par *en revanche*, qui ne veut pas dire au poil près la même chose, mais qui est la seule expression admise, la seule

des deux qui ait « droit de copie »... En effet ça s'apparente
tout à fait à l'apartheid ! Le motif de ce renvoi ?... La
tradition universitaire seulement, pas littéraire ni quoi que ce
soit, et la raison apparente — enfin je pense —, c'est que
Littré, seul, le déconseille. C'est la survivance dans le corps
enseignant de ce respect absolu pour le *Dictionnaire* de Littré
qui s'est installé au XIXᵉ siècle dans toute la bourgeoisie
libérale et progressiste, celle qui a fondé la IIIᵉ République,
les lois scolaires, etc. Alors, *par contre*, Littré a dit non, vous
savez, oh là là ! on barre. Donc, pourquoi Littré refuse-t-il
l'expression ? Il a peut-être de bonnes raisons... C'était peut-
être une expression grossière à son époque ?... Non, pas
grossière du tout — Larousse, de son côté, au même
moment, dit : Qu'est-ce que c'est que cette salade ? c'est
une locution universellement employée. Mais Larousse ne
compte pas : on se réfère à Littré, point final. Et lui, voilà le
fin mot de l'histoire, il se réfère exclusivement à Voltaire...
Or il se trouve que Voltaire n'aimait pas cette expression *par
contre,* il préférait dire *au contraire.* Pourquoi ? Parce qu'il
était chatouilleux sur les origines des mots — il faut voir ce
qu'il dit du style de Bayle ! — et *par contre* ayant pris
naissance en français dans le monde du commerce, chez les
marchands — ce serait l'abréviation, au XVIIᵉ siècle, de *par
contre-envoi* —, ce n'était pas une origine assez huppée à son
goût, pas assez philosophe, nullement latine : refusée !
Aucune raison proprement linguistique dans tout ça. D'ailleurs Littré est tout de même embêté, on sent qu'il se gratte
la tête, il avoue que l'expression « peut se justifier grammati-
calement », puis après un baratin embrouillé il conclut
froidement : « En tout cas, il convient de suivre l'opinion de
Voltaire. » C'est vrai que c'était vers 1860, et que Littré
écrivait à peine cent ans après Voltaire... C'est vrai aussi que
Voltaire était, comme pour La Harpe, le modèle absolu —
en outre le philosophe de l'intelligence, du modernisme, en
lutte contre le cléricalisme, l'obscurantisme, et... ça manque

pas de sel en l'occurrence : les traditions idiotes. Voltaire
c'était le pape de la bourgeoisie libérale. Littré ne pouvait
décemment pas aller contre son avis... Mais nous sommes à
plus d'un siècle de Littré, et malgré d'excellents ouvrages de
référence tels que le Robert, qui commence à avoir de la
bouteille lui aussi, malgré toute une diatribe de Gide
soutenant *par contre,* malgré le bon sens le plus élémentaire,
en fait, tu trouves aujourd'hui, en 1984, dans les copies des
élèves du secondaire *en revanche* remplaçant pompeusement
par contre rayé par des profs qui n'auraient pas l'idée de se
demander pourquoi ils le barrent : ce qui ferait bien rigoler
Voltaire ! Voilà comment le serpent se mord la queue.

PAGÈS : On est là dans les subtilités de l'écriture universitaire,
ou lycéenne. Le problème de « correction » du langage se
pose autrement pour un instituteur face au parler des enfants
qui arrivent à l'école...

DUNETON : Parlons-en ! Car les vrais problèmes se posent en
effet sur ce terrain-là, où ils ne sont pas toujours le mieux
visibles... Qu'est-ce qu'on appelle « correction du langage »
à l'école primaire ? En principe ça veut dire, et là aussi
traditionnellement : « Attention à la langue que l'enfant
parle en arrivant, attention à la langue qu'il apporte de la
maison ! » Ce qu'il y a derrière cette méfiance, c'est évidemment la peur d'une langue familiale. Tout ça a eu très
longtemps sa justification objective dans le refus des dialectes et autres langues « barbares » — c'est tout à fait le mot
qui convient — de l'Hexagone. Tant que le patois a été la
chose à abattre, surtout pour l'école primaire, placée en
première ligne, il était « normal » que les instituteurs mon-
tent la garde. Aujourd'hui ils continuent à la monter, c'est
sûr, mais alors contre qui, contre quoi ? C'est ce qui est
moins évident !... L'espèce de langue autonome qui s'est
construite à l'intérieur de l'école, qui ne fonctionne que pour

l'école et par l'école, cette « langue à examens » n'est possible que parce qu'elle est protégée, et comme justifiée par le mythe de la « langue pure ». Cette sorte d'espéranto scolaire, à l'abri de toutes les influences extérieures, qui ne ressemble à aucune langue parlée en France quelle que soit la couche sociale, ni à aucun degré de la langue littéraire, ancienne ou contemporaine, dont le côté parfaitement artificiel devrait faire froncer le sourcil de la nation — eh bien non : il fait figure de « langue élue » ! Un espéranto, c'est bien ça — et même avec le côté généreux en prime ! Un truc qui permet soi-disant l'égalité des classes sociales, des chances et tout le fourbi, précisément parce qu'il n'est pas en contact avec la « vraie » langue française, celle qui s'utilise réellement partout. Une langue *intra-muros* — *muros* de la classe, bien entendu, ça dépasse même pas dans le couloir, oh non ! Toujours au nom du mythe !...

L'art d'emmener
les enfants en bateau

Le français scolaire a été mis en évidence, il est dénoncé, décrit comme langue fausse, c'est pas moi qui l'invente, même si j'en ai dit deux mots en son temps... Des linguistes se sont penchés, se penchent encore sur le cas. — Voici un mémoire de maîtrise, soutenu par Annie Dupart en 1978 [1], qui analyse d'une façon remarquable, entre autres, la langue qui est proposée pour l'apprentissage de la lecture dans les petites classes de l'école primaire. Les livres d'accueil du débutant — car la langue scolaire commence là, à l'entrée

1. *La Rédaction ou les Conditions d'énonciation en situation scolaire*, université de Limoges, 1978.

dans le primaire, dès qu'il s'agit de lire ou d'écrire du
français.

Annie Dupart commence par décrire les ravages du
« présent » au cours préparatoire. En effet c'est le seul temps
employé par les livres d'apprentissage de la lecture, le seul
qui soit présenté aux enfants, avec le passé composé, au
moins pendant les six premiers mois de leur scolarité... Sous
couvert de simplicité on leur fait déchiffrer des petites
histoires qui n'en sont pas, des récits où le présent succède au
présent en dépit de toute logique, et se mélange de surcroît
avec le moment présent qui est celui de la lecture. Elle cite
par exemple ces constructions du *Daniel et Valérie,* le manuel
vedette employé dans la France entière : « Une pie est posée
sur le pré. Elle vole vers son nid qui est dans la forêt. » C'est
à défier la logique de quiconque et en particulier celle d'un
enfant de six ans. « Si la pie est posée, comment peut-elle
voler ? » — il ne s'agit pas d'une succession d'images
décrites, mais d'un texte seul ! En fait on aboutit à un délire
chronologique qui doit plonger le pauvre enfant dans une
perplexité inquiète qu'il n'ose pas avouer... « Le présent est
le temps le plus fictif qui soit pour un récit et on l'emploie
avec les enfants pour faire plus " vrai " » — c'est Annie
Dupart qui commente. Je suis allé retrouver le *Daniel et
Valérie,* qui, par parenthèse, est toujours en usage dans la
majorité des classes de CP aujourd'hui, et qui doit son
immense succès, depuis une vingtaine d'années, à la clarté et
à la grande maniabilité de sa « méthode mixte ». Voici la
leçon 23 [1], sur vingt-six au total, une des toutes dernières du
manuel et qui correspond au cinquième ou septième mois de
cours préparatoire, selon la rapidité de progression de la
classe :

---

1. Houblain et Vincent, *Daniel et Valérie,* Nathan, 1964, p. 45.

la promenade est finie. papa
détache le canot qui a été
attaché à un chêne de la rive.

un homme pêche à côté du
chêne.

le canot file, rapide ⊡au⊡ milieu
des prés. une chèvre bêle. une
vache se lèche la patte, un
cheval tire un chariot.

le canot est vite arrivé à la
ferme. bobi file vers sa niche.
quelle belle promenade !

Je passe sur le côté bucolique, la rivière, les prés, la
chèvre, la vache — qui se lèche très bizarrement... Il arrive
qu'une vache se lèche l'intérieur de la cuisse à grands coups
de langue, l'aine exactement, dans une contorsion assez
violente de sa part ; c'est rare, mais ça arrive. Qu'elle se lèche
la « patte », j'ai jamais vu ça ! C'est là une image assez
surréaliste, je ne sais pas si pour les petits citadins c'est une
bonne introduction à la vie des bêtes... Peu importe, je crois
que c'est assez secondaire finalement.

PAGÈS : Pourtant c'est là-dessus que porte habituellement la
critique des manuels... Depuis une dizaine d'années, on a
beaucoup épluché leur contenu idéologique : par exemple les
familles représentées dans les livres de lecture sont toujours
d'un niveau social élevé, vivent dans des maisons individuel-
les — et non dans les HLM —, le mobilier est plutôt cossu,
etc. Il y a aussi le sexisme : la vie de famille y est du genre

« papa lit et maman coud » (pour reprendre le titre d'un bouquin). Et puis cette manie de situer les histoires dans un cadre champêtre, une campagne d'opérette où tout n'est que gazouillis, joie et insouciance... Mais la langue utilisée, à ma connaissance, n'a pas beaucoup subi l'analyse.

DUNETON : Justement. Il ne s'agit pas de revenir sur le message implicite, qui a été relevé, dénoncé à très juste titre — sauf que je suis convaincu que le côté totalement artificiel et inexistant de la langue employée ajoute à l'épaisseur du voile qui recouvre le contenu. Dans une langue « vraie », cette vache fantastique qui se lèche la patte comme un chat... sauterait aux yeux ! Dans une langue aussi artificielle que celle-ci, plus rien ne surprend — c'est lourd de conséquences... Mais je veux revenir aux temps des verbes. Donc, au bout de plusieurs mois d'école, le bambin et la bambine en sont toujours à seriner des phrases au présent et au passé composé — dont la conjugaison fonctionne comme le présent. Mais regarde cette phrase : « Papa détache le canot qui *a été attaché* à un chêne de la rive. » C'est étrange ce *a été attaché*, à la réflexion. Normalement on dirait : « Il détache le canot qui *était* attaché à un chêne », non ? Au moins dans la situation présente, où l'on part ensuite avec ledit canot... Pour qu'on puisse dire : « Le canot a été attaché à un chêne », il faut qu'on l'ait laissé... On est parti, on a laissé le canot, qui a été attaché à un chêne, là oui ! Mais dans cette phrase du livre de lecture, il s'agit d'une erreur, d'un véritable contre-emploi du passé composé !... En réalité il est employé ici avec la valeur d'un *present perfect* en anglais : *it has been tied to the tree*. C'est très bien pour une préparation précoce à l'anglais, peut-être, mais c'est là une notion qui n'existe pas en français ! — Je crois qu'Annie Dupart a tout à fait raison : ce sont des idées fausses qui sont inculquées à l'enfant sous couleur de simplicité pédagogique. Parce que, quand on lit ça, au premier abord ça a l'air, en effet, tout à

fait à la portée des enfants... On se dit qu'il s'agit là d'une
« simplicité enfantine ». — Bon, certains parents se disent :
« C'est bien un peu couillon ce bouquin, il n'y a plus
beaucoup de chance de voir un cheval qui tire un chariot,
mais enfin c'est mignon... » Il reste une impression d'ensemble : que les jeunes enfants parlent au présent dans la vie. On
voit le petit bout de chou, on ne se demande pas s'il a trois
ans ou sept ans bientôt, on voit un canot sur la rivière, une
chèvre, une vache, un cheval et un chien, « Bobi », on est
content pour le môme... C'est une apparence tout à fait
trompeuse. Il faut essayer de voir la réalité en face : on
réduit artificiellement la parole de l'enfant, qui n'a pas
attendu l'âge du cours préparatoire pour manier tous les
temps de la langue, et tous les modes. Un enfant de six ans,
pour peu qu'il soit expansif, jase tout à fait autrement — et
s'il n'est pas communicatif, rien ne lui interdit de rouler dans
sa tête un langage bien autrement riche et varié. Il suffit pour
s'en convaincre d'écouter un gamin parler.

Le songe d'Élizenda

La petite Élizenda avait cinq ans et demi au moment de
l'enregistrement de cette bande. Elle n'avait jamais été
scolarisée, sauf quelques semaines en maternelle. Elle est
bilingue français-espagnol (de par sa situation familiale),
communicative, et plutôt bavarde. Elle racontait un rêve, se
sachant enregistrée.

il y a le tigre qu'arrive/le tigre/et puis les enfants ils se
cachent sous les lits/sous les bassines/dans les petits creux/
partout — et le tigre/ils s'étaient enfermés les enfants avec
leur père et leur mère//le tigre il avait réussi à s'aplatir/
passer la main en dessous la porte///alors les enfants s'étaient

vite mis sous le lit/— il y avait un gros monstre qui était venu aussi/et je m'étais donnée amie avec lui/je lui avais dit qu'il craignait rien/qu'il pouvait manger Alexandra Marc et Cyril/ le petit lapin à Formentera/des trucs comme ça et il m'avait pas crue//alors il avait voulu me manger//et après on était toi maman/et on avait couru/couru sur les collines/et après le lendemain il était toujours monstre/et on lui disait des choses bien et après il redevenait homme/et après on s'est dit pendant la nuit « on ferait mieux de s'échapper »//et on s'est échappé et le monstre il nous courait derrière/et puis nous aussi on courait/on courait devant on allait à toute vitesse/et on trouve un/— machin/un truc pour monter/— là comme ça/— pour monter les montagnes/ça s'accroche à la neige// des trucs ronds qu'on met dans la neige quand on marche/— ils ont mis ces trucs et après on a couru couru///le monstre en fait c'était une vieille sorcière qui l'avait transformé/...

Naturellement la transcription brute de la bande ne tient pas compte de la ponctuation de sens. Si l'on installe une ponctuation de type « littéraire » sans changer les mots, la lisibilité devient celle d'un texte où les enchaînements logiques sont parfaitement apparents.

Il y a le tigre qu'arrive... Le tigre !... Et puis les enfants, ils se cachent sous les lits, sous les bassines, dans les petits creux, partout... Et le tigre — ils s'étaient enfermés, les enfants, avec leur père et leur mère —, le tigre, il avait réussi à s'aplatir, passer la main en dessous la porte ! Alors les enfants s'étaient vite mis sous le lit, etc.

Il reste que, dans ce court récit, la petite Élizenda emploie spontanément, à l'âge de cinq ans et demi, six formes verbales qui se décomposent comme suit : 6 présents, avec deux valeurs différentes (3 d'usage et 3 dits « de narration »), 4 passés composés, 12 imparfaits, 10 plus-que-parfaits, 1 conditionnel et 7 infinitifs — tous à très bon escient. On est loin du présent uniforme de la page de manuel — sur laquelle Élizenda devrait plancher exactement un an plus tard, à six ans et demi. En outre, elle utilise des phrases de construction

complexe, comme : « Le monstre, en fait, c'était une vieille
sorcière qui l'avait transformé. » Car, là aussi, une caracté-
ristique du français scolaire est de n'employer que la
construction de phrase la plus simple : sujet-verbe-complément — « Bobi file vers sa niche », etc. Je sais bien que c'est
la construction recommandée par Rivarol comme une des
caractéristiques de la langue française, clarté d'abord, mais il
y a de l'abus. « Un cheval tire un chariot » — c'est tellement
clair qu'on voit au travers !... Élizenda n'emploie que deux
fois la structure sujet-verbe-complément, et c'est dans une
situation de recherche d'un mot (qu'elle ne trouve pas :
« raquette »), où elle ralentit, où elle simplifie sa grammaire
parce que son esprit s'absorbe entièrement dans la quête du
mot, c'est : « et on trouve un... machin » et « ils ont mis ces
trucs ». Le reste du temps c'est soit un redoublement du
sujet : « et puis les enfants, ils se cachent sous les lits », ou
bien une inversion : « ils s'étaient enfermés, les enfants,
avec... », ou une construction avec incidente : « il y avait un
gros monstre qui était venu aussi », etc. Et c'est vrai, il suffit
d'écouter un enfant parler : quelle que soit la richesse de sa
langue, il a plutôt tendance à produire des phrases
complexes, mais jamais spontanément il n'utilise la construction élémentaire du manuel de lecture.

PAGÈS : Et quand on n'utilise pas les manuels ?... J'ai
remarqué qu'un certain nombre de maîtresses du cours
préparatoire prennent leurs phrases de lecture dans des récits
que font les enfants eux-mêmes, oralement. Elles copient au
tableau des phrases que les enfants leur dictent.

DUNETON : Le principe est sûrement excellent... Mais est-ce
que les maîtresses en question, imbibées de langue scolaire,
respectent autant la motivation du gosse que la langue dans
laquelle il s'est véritablement exprimé ? Il doit y avoir des
exceptions, mais la plupart du temps je pense que le langage

est manipulé. Soit que le gosse se censure lui-même parce qu'il sent que dans une classe on simplifie, il joue poliment le jeu de se mettre « à sa portée », c'est-à-dire à la portée d'un enfant — soit que la maîtresse transforme progressivement les phrases qui sont dites pour les rendre conformes à ce qu'elle pense être le « bon français pour l'école », qui ne doit pas ressembler à celui de la maison. Dans les deux cas on retombe très vite dans le modèle de la phrase simple : sujet-verbe-complément (d'objet, puis circonstanciel). Ça se passe généralement au moment de l'écriture au tableau, cette manipulation langagière ; j'ai là un document qui m'a été envoyé par des linguistes de l'université d'Aix-en-Provence, et qui est tout à fait révélateur de ce phénomène de « correction ».

Les variations de Nadia

Extrait d'enregistrements réalisés dans une classe par A. Piolat en 1976 (transcription de bande) [1] :

> *Maîtresse :* Bon alors on va l'écrire tout ça maintenant y a beaucoup de choses. Notre texte aujourd'hui va être plus long que d'habitude, tu veux commencer Nadia, tu nous dis d'abord la phrase que tu proposes.

> *Nadia :* Le papa de Bernard avec une hache sur le dos s'en va couper du bois avec Pipo devant et le chat essaie de rentrer dans la niche.

> *Maîtresse :* Tu as vu tu arrivais pas à retrouver ton souffle tellement elle est longue cette phrase alors on va essayer de prendre des phrases plus courtes hein ? tu veux ? On va

---

1. In Sonia Branca, *Constitution des français scolaires au xixe siècle*, thèse d'État en cours, université d'Aix-en-Provence, p. 3 et 4.

d'abord parler du papa de Bernard, ensuite on est... on prend une autre phrase pour le chat et une autre phrase peut-être pour Pipo hein, alors on va essayer de faire ça plus court. Bénédicte de qui veux-tu parler ?

Bénédicte : De Bernard.

Maîtresse : Heu il n'y est pas Bernard, son papa.

Bénédicte : Du chat.

Élève X : Son papa.

Maîtresse : Son papa, allez, dis-nous la phrase.

Bénédicte : Le papa de Bernard va couper du bois dans la forêt.

Plus loin, sur un deuxième énoncé, la maîtresse va procéder au remplacement de la construction en *ya ... qui :*

Maîtresse : Alors Bénédicte tu vas nous parler du chat.

Bénédicte : Ya le chat qui veut en profiter pour rentrer dans la niche et il est monté.

Maîtresse : Bon alors on a dit le chat, tu vois, tu as dit ya le chat, il y a, une phrase aussi longue c'est pas utile de le mettre on pourra tout de suite dire le chat.

La phrase finale sera : « Le chat profite [*sic*] pour rentrer dans la niche de Pipo. »

Sonia Branca commente ainsi ces « arrangements » pour cause d'inscription au tableau noir qui sont opérés de toute bonne foi par les maîtres, soucieux avant tout de « correction » : « Au centre des manipulations sur l'oral des enfants on trouve donc l'imposition d'un modèle " écrivable " caractérisé par la phrase simple. Les arguments de la maîtresse sont techniques : la petite phrase est plus " simple ", et cette simplicité signifie toujours le recours à un seul type de construction, *sujet-verbe-objet-circonstanciel,* même dans les cas où l'enchaînement attendu serait différent. » Or, de toute évidence, le sens n'est plus tout à fait le même... Plus exactement le message se trouve desséché, squelettique, et pour tout dire « bêtifié ». Le plus fort c'est que la proposition initiale de la petite fille (qui s'appelle Nadia) témoigne d'un souci nettement « littéraire » et parfaitement légitime : « Le papa de Bernard, avec une hache sur le dos, s'en va couper du bois, etc. » Tout ça pour arriver à un texte très inférieur, mais qui colle à l'idée que l'école se fait de la langue admissible. On retombe sur *Daniel et Valérie :* « Le papa de Bernard va couper du bois dans la forêt » — l'impression produite est gênante, c'est une mise à la portée des imbéciles. On voit très bien ce que donnerait le récit d'Élizenda remis dans un contexte scolaire. Au lieu d'une transcription de type « littéraire » qui conserve le mouvement : « Il y a le tigre qu'arrive... Le tigre !... Et puis les enfants, ils se cachent sous les lits, sous les bassines, dans les petits creux, partout... », nous aurions une série d'énumérations abstraites, privée de mouvement, de vie, privée de toute communication directe : « Le tigre arrive. Les enfants se cachent sous les lits. Ils sont enfermés avec leurs parents. Etc. » L'idée a régressé à des kilomètres !

Ce qui est grave dans cette langue de bois, c'est que non seulement tout le monde a l'air de penser que c'est assez bon pour l'enfant, plus « pédagogique » ou je ne sais quoi, mais que l'enfant lui-même finit par penser que c'est bien pour lui ! Il veut faire pour le mieux, lui, en principe — surtout ne pas contrarier la maîtresse, être aimé... Donc il fait généralement tous ses efforts pour se couler dans cette langue « simple » dont il veut bien croire qu'elle est « à sa portée ». Souvent ce sont ceux qui manient le mieux la langue en arrivant qui réussissent le mieux à donner le change, à se simplifier... Pendant un temps, au moins, ils essaient de se nier. C'est même amusant : ils jouent un rôle, ils jouent au bébé... Au bout de huit jours les plus malléables captent le truc, et les phrases du livre, aussi étranges soient-elles, lui deviennent la langue de référence. Je suis sûr même que

certains enfants poussent la complaisance jusqu'à régresser
un peu, à faire chemin arrière, couper leur langage...
Phonétiquement aussi, je pense qu'ils prennent des tons
bébé, dans la classe, pour assortir à cette nouvelle langue
qu'on leur décortique en y mettant une application monu-
mentale. Ce serait intéressant de comparer la bande d'enregistrement, par exemple de la petite Nadia proposant : « Le
papa de Bernard, avec sa hache sur le dos, s'en va... » et, dix
minutes plus tard, lisant le « résumé » qu'on a fabriqué
ensemble : « Le papa de Bernard va couper du bois dans la
forêt. » Il n'est pas exclu qu'elle ait accompagné la « chute
d'expression » par une minauderie appropriée, quelque
chose dans le timbre de sa voix, le ton, qui s'accorderait avec
ce qui était pour elle le fantasme bébé... Évidemment les
enfants s'adaptent, en apparence tout au moins. Très vite, ce
français qui leur est présenté, ils se rendent parfaitement
compte qu'il n'a guère de rapport avec la langue qu'ils
entendent autour d'eux, à la maison, dans la rue, à la télé,
partout. Où diable un enfant aurait l'occasion d'entendre
prononcer : « Un homme pêche à côté du chêne »? — Y a
un bonhomme qui pêche, un type, un pêcheur, un drôle
d'individu, un vieux qui pêche, un petit gars, quelqu'un est
en train de pêcher, là-bas, près du chêne... d'accord ! Mais
même dans les plus mauvais dialogues de télévision, ça n'ira
pas jusqu'à : « Un homme pêche près du chêne ! »... Ou
alors très exceptionnellement, il faut carrément passer à *E.T.*
(prononcer *iti*, le film américain fameux). Voilà : les livres de
classe parlent comme E.T. !...

Pendant l'été j'ai rencontré un petit garçon adorable qui
s'appelle Thomas, et qui avait juste sept ans. Un bonhomme
tout à fait éveillé, disert, intéressé par des tas de choses — il a
même insisté pour accompagner le groupe d'adultes au
théâtre en plein air, un soir, en restant éveillé presque tout le
temps — un gamin causant, curieux, pétillant en somme de
ce qu'on appelle vulgairement sans trop savoir en quoi elle

consiste : l'intelligence. Enfin un enfant charmant comme on en voit beaucoup... Et l'école ?... La question bête, quoi — ça doit marcher rudement bien ?... Gueule de l'entourage. Tête tout à coup sinistre et visage allongé de Thomas... Eh bien non : Thomas venait de terminer le cours préparatoire, c'était une catastrophe ! Il ne savait même pas s'il devait redoubler ou si on allait l'admettre, par protection, au cours élémentaire... C'est-à-dire que ce garçon d'un si bon niveau de langage et de raisonnement n'avait pas été capable d'apprendre à lire correctement. Sa mère m'a dit : « Il parlait très très bien avant d'entrer au CP, et tout au long de l'année j'ai eu l'impression qu'il devenait idiot... Il comprenait plus ce qu'on lui disait, il est devenu agité. Pendant une période il s'est même mis à ne plus parler, il faisait des bruits de bouche débiles... » Étonnant, non ?

Une autre des caractéristiques de la langue scolaire que souligne l'analyse d'Annie Dupart dans sa maîtrise sur les manuels du cycle primaire, c'est une incroyable absence de sens figurés dans les textes proposés aux enfants. « Le français élémentaire emploie toujours les mots dans leur sens propre. » J'ajoute qu'on n'y trouve pas non plus beaucoup de locutions ni d'expressions imagées, aussi courantes soient-elles dans la vie de tous les jours — je ne parle pas d'expressions populaires : pour les enfants du peuple, quelle horreur ! —, mais simplement des bonnes vieilles nobles locutions, *de but en blanc* ou *de pied en cap,* qui ont des siècles de la plus haute littérature derrière elles... Ça fait partie de la grande tradition : « Ce qui se dit à l'école ne se dit pas ailleurs, et vice versa ! » Dans ce domaine la coupure avec la langue du pays ne pourrait pas être plus complète. Seulement, ces mots qui sont réduits à des étiquettes permettent difficilement les jeux de langage, évidemment — ce qui est tout de même un des aspects essentiels du langage humain. Cette absence de sens figuré donne des textes parfaitement sinistres... Or, comme on s'adresse à des

enfants, lesquels sont censés être joyeux comme tout, eh bien
on ajoute des mots de bonheur, des exclamations destinées à
égayer un peu l'ensemble. On a vu le petit texte du livre de
lecture qui se termine par : « Quelle belle promenade ! » On
ne peut pas dire que l'on ait vraiment senti un quelconque
plaisir ni quelque beauté que ce soit dans cette promenade,
mais on s'exclame, on fait comme si... C'est toujours ça de
gagné. Cette façon de procéder par ajouts artificiellement
plaqués, par chevilles de gaieté, Annie Dupart l'appelle très
joliment la « joie par synthèse ». « La phrase simple de
français élémentaire colle au réel, l'érige, lui donne une place
de choix, toute la place dans le discours. La dimension
ludique n'existe pas, et le registre de la " joie " sollicité à
toutes les occasions est un vain repêchage, une lamentable
recherche d'ambiance, " ça ne chauffe pas ". C'est un
perpétuel enterrement très fleuri, car trois risettes de sémantique ne sauraient remplacer la dimension ludique » (p. 56).
Ces gaietés synthétiques se retrouvent naturellement dans la
tradition de la rédaction enjouée, aussi bien dans le primaire
que dans le secondaire. Les élèves sont suffisamment dressés
pour savoir que ces exercices se font sous le signe du beau
temps et du bonheur pour tous.

PAGÈS : Particulièrement dans les « chutes »... C'est le *happy
end* obligatoire ; lorsque j'ai questionné le professeur Charpin sur ses travaux [1], il m'a même cité un texte libre où le
gosse, après avoir raconté un accident de voiture dont il avait
été le témoin — avec des morts, etc. — termine par :
« Quelle belle journée ! » Ça ne veut pas dire que c'est un
petit vampire ! Ça signifie simplement : « Je termine ma
rédaction. »

---

1. Voir le document 5 à la fin du chapitre.

DUNETON : C'est un peu effrayant tout de même... Le décalage que ça suppose entre ce qu'on veut dire et la langue qu'on emploie ! Je veux bien qu'il y ait des conventions, mais à ce point... C'est le règne de la non-communication absolue. Je cite encore une fois Annie Dupart : « On est en face d'un message inadapté, et pour tout dire aliéné : joyeux sans motif, centré sur lui-même et replié, qui ignore le récepteur et ne lui permet pas d'exister, qui, ne permettant pas de communiquer, ne permet pas non plus une intervention du message en relation avec la perception, bref, un langage de schizophrène ! » (p. 57). C'est un peu l'impression que donnent ces livres d'apprentissage de la lecture. Voici la toute dernière page du *Daniel et Valérie,* qui se termine, bonheur oblige, et termine le bouquin tout entier par le mot *heureux*... C'est assez hallucinant parce que le livre se finit, symboliquement, sur ce qui pourrait être une scène du troisième âge : les deux petits vieux au coin du feu. Le texte est tellement neutre, je dirais *inexpressif,* que les personnages n'ont pas du tout besoin d'être des jeunes enfants... Si on ne sait pas que ce sont des mômes, on fait une brusque

Il pleut! Daniel et Valérie sont restés chez eux. Ils sont heureux tous les deux. Valérie a mis une belle robe neuve. Elle a un nœud dans ses cheveux. Daniel a pris le jeu de dominos dans le tiroir du buffet. Il l'a étalé sur la table de la cuisine, à côté du feu.

— Double-deux ? du trois ? du quatre ?

— Je ne trouve pas de quatre, dit Valérie.

— Tu as perdu, crie Daniel. Ils rient aux éclats tous les deux. Ils sont heureux.

4

parenthèse de soixante-dix ans, et sans changer une seule virgule on a pépé Daniel et mémé Valérie, qui fêtent un anniversaire dans une gaieté tranquille, et il faut bien l'avouer... un peu sénile[1].

Ça donne un peu froid dans le dos, je trouve, ces « petits vieux » qui rient aux éclats... Cela dit, ce genre de bouquin produit une espèce de charme — je veux dire d'envoûtement — qui fait qu'on a beaucoup de mal à percer quelque chose qui serait comme un écran protecteur et qui empêche d'avoir un regard lucide sur lui. Peut-être parce que l'adulte perçoit inconsciemment une sorte d'angoisse, dont il se défend... Peut-être qu'il se crée des interférences avec notre propre enfance, la formation de notre propre langage, et que le livre se met à profiter des défenses que nous avons forgées à propos de nous-mêmes ? Qu'il se met à couvert...

PAGÈS : Ce genre de littérature me fait l'effet d'une glu. Qui s'y frotte s'y colle, comme un papier tue-mouches. Je n'arrive absolument pas à lire, ça me crée un malaise : j'ai l'impression que si je me pose sur le texte, je vais y rester.

DUNETON : Moi j'ai surtout l'impression que le texte est incritiquable parce qu'inaccessible : que je n'arrive pas à franchir quelque chose... Par exemple j'ai eu le texte de *Daniel et Valérie* sous les yeux pendant plusieurs jours, j'y cherchais spécifiquement des cas de français tordu pour des besoins pédagogiques — eh bien je le lisais, je le relisais attentivement, je ne voyais rien. J'ai mis deux jours à me rendre compte, tout d'un coup, que le canot « qui a été attaché » avait quelque chose de bizarre... Que l'on n'aurait pas dit ça, ou écrit ça spontanément. C'est étonnant ce que mon regard pouvait glisser sur les lignes sans pénétrer, je ne comprends toujours pas bien pourquoi... Si ces petites

1. *Op. cit.,* p. 63.

sottises résistent à ce point, ce n'est pas surprenant que les parents d'élèves n'y voient que du feu — et le professionnel aussi. L'institutrice prend ces petites phrases sans malice tout à fait pour du bon pain. Il faut dire qu'elle est — comme du reste les auteurs du texte — pervertie par la pédagogie, qui est un poison discret pour l'esprit... Les soucis pédagogiques peuvent aveugler le plus clairvoyant des êtres ! — Alors comment veux-tu qu'un enfant, dans ces conditions, se rende compte de ce qui lui arrive ! Il éprouve, au mieux, un malaise parfaitement indéfini, dont il n'a même pas conscience la plupart du temps. C'est bien naturel. Il n'a que des manifestations parallèles, à mon avis. Il devient turbulent, ou au contraire prostré, ou « menteur », ou distrait, énormément tête-en-l'air alors qu'il ne l'était pas avant... Ça ne paraît avoir aucun rapport avec rien... Il existe tant d'autres facteurs de malaise : se tenir longtemps assis, la discipline générale de la classe, enfin la vie scolaire qui est nouvelle au CP, très différente de celle de la maternelle — c'est vrai qu'il y a beaucoup d'autres agents perturbateurs, de matières à angoisse, si bien que personne ne va chercher des poils sur la nature du travail qui se fait dans la classe. Un travail largement éprouvé comme sacré et indiscutable. Et puis je ne dis pas non plus qu'il faille voir dans ce langage imposé la source de *tous* les troubles que peut éprouver un enfant fraîchement scolarisé ! Je pense seulement que ce heurt avec une langue débilitante qui le prend de plein fouet, par surprise, le tire violemment vers un état infantile au moment précis où ses espoirs de grandir sont les plus vifs de toute son enfance, mis au plus aigu par l'entourage — tu vas à la *grande école !* — et provoque chez le jeune élève une déception intime d'autant plus profonde, traumatisante, qu'il n'a aucun moyen de la percevoir clairement... Je suis persuadé qu'il lui est fait là une violence cachée, génératrice au moins d'angoisse, et peut-être — dans certains cas, selon le degré de sensibilité du môme et surtout le contexte familial, la

manière dont ce refus qui lui est fait de grandir entre ou non
en résonance avec ce qu'il vit en même temps dans sa famille
— génératrice de troubles réels, graves et durables. En
d'autres termes, ce qui fait la différence c'est peut-être l'état
d'équilibre ou de déséquilibre de sa famille.

A qui perd gagne !

En 1972, François Charpin, professeur au Centre de recherches linguistiques de l'université de Limoges, recueillait 12 000 textes « libres » rédigés par 6 000 élèves des écoles primaires de la Haute-Vienne, du cours préparatoire au cours moyen. Sur les 12 000 fiches recueillies, 2 500 ont été dépouillées par ordinateur à l'aide d'un codage défini d'après M. Tesnière. L'ensemble des résultats a fait l'objet d'une communication de François Charpin à un colloque organisé à Limoges en novembre 1976 par l'AFEF (Association française des enseignants de français). Le mode de présentation adopté ici est original.

1. La méthode de dépouillement

Dans le système adopté, chaque phrase est représentée sous la forme d'un atome dont le noyau serait le verbe, les autres membres de la phrase figurant les « électrons ».

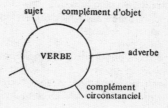

On numérote chaque élément dans l'ordre suivant :

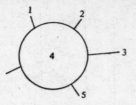

Ainsi la phrase *Pierre mange* est codée 1.4. *Pierre mange sa soupe* = 1.4.2. *Le matin Pierre mange sa soupe* = 5.1.4.2.

Ce système permet de coder n'importe quel modèle de phrase, y compris celles qui incluent des propositions incidentes. Ainsi la phrase *Pierre/qui/est/grand/mange/sa soupe* se code 1/1(1)/1 (4)/1(4)/4/2.

Le dépouillement des textes dits « libres » (c'est-à-dire sans sujet imposé) indique que dans les écoles concernées les élèves utilisent exactement 946 types de phrase.

2. Analyse des résultats

Une fiche indiquait le niveau scolaire de chaque élève. Les élèves ont été répartis en cinq niveaux. Pour des raisons de clarté, on ne s'occupe ici que des deux niveaux extrêmes : les « bons » élèves et les « mauvais » élèves.

N.B. L'étude réalisée par François Charpin portait également sur le *lexique* des élèves concernés. Les résultats sont sans surprise dans ce domaine : les bons élèves sont ceux qui possèdent le lexique le plus riche, du CP au CM2, les mauvais élèves sont les plus pauvres.

Nous ne présentons ici que les résultats concernant les types ou

Tableau A*

Tableau B

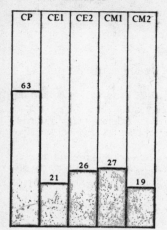

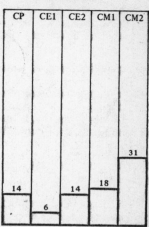

* Les nombres indiquent des pourcentages.

modèles de phrase. Ces résultats sont particulièrement surprenants.

Les types de phrase du « bon » élève (tableau A)

Le pourcentage qui figure dans chaque colonne est calculé par rapport au total des modèles de phrase utilisés par tous les élèves d'un niveau considéré. Par exemple au CP, les bons élèves utilisent 63 % du stock dont dispose l'ensemble des élèves. Au CE1, 21 %, etc.

On constate que l'élève jugé « bon » utilise de moins en moins de types de phrase à mesure qu'il gravit les échelons de la scolarité. Du CP au CM2, cette ascension prend les allures d'une chute vertigineuse. Paradoxe qui rappelle le jeu de « qui perd gagne » : le langage du bon élève s'appauvrit sur le plan de la

syntaxe (son vocabulaire, pendant ce temps-là, s'est enrichi).
Question : est-ce précisément grâce à cet appauvrissement que le
bon élève est jugé « bon » ? La réponse est fournie par les
tableaux C et E (voir plus bas).

Les types de phrase du « mauvais » élève (tableau B)

A l'inverse, le mauvais élève, pauvre en modèles de phrase au
CP, dispose au CM2 d'un stock syntaxique plus riche que le
« bon » élève. Pour lui, le paradoxe vire à l'aigre : il gagne donc il
se retrouve dans les perdants.

Les modèles de base ou comment mesurer le conformisme (tableaux C et D)

Le dépouillement a fait apparaître que, sur les 946 modèles de
phrases utilisés à l'école primaire par les élèves, 5 étaient utilisés
prioritairement. Ce sont :

1.4	*Pierre vient*
1.4.2	*Pierre mange sa soupe*
1.4.5	*Pierre vient demain*
5.1.4.2	*Le dimanche, Pierre mange sa soupe*
5.1.4.2.5	*Le dimanche, Pierre mange sa soupe avec sa grand-mère*

A titre d'exemple, le premier modèle ou type de phrase est
employé au CP à l'écrit pour une part de 54 %. Au CM, ce
pourcentage est encore de 31,4 %.

La part que ce français standard, rudimentaire, occupe dans le
langage écrit de l'ensemble des élèves, tous niveaux confondus,
est figurée en gris foncé.

Dans le tableau C, la part de ce français rudimentaire chez les
« bons » élèves est représentée en gris clair. Dans le tableau D, le
gris clair concerne les « mauvais » élèves. On peut ainsi mesurer
la plus ou moins grande standardisation du langage écrit des
élèves du CP au CM2.

Tableau C

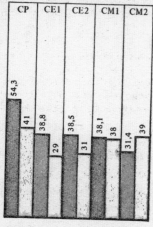

CP	CE1	CE2	CM1	CM2

54,3 · 41 · 38,8 · 29 · 38,5 · 31 · 38,1 · 38 · 31,4 · 39

◼ part du français rudimentaire
chez l'ensemble des élèves
☐ chez les bons élèves

Tableau D

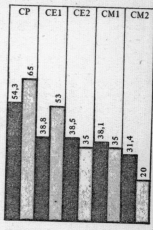

CP	CE1	CE2	CM1	CM2

54,3 · 65 · 38,8 · 53 · 38,5 · 35 · 38,1 · 35 · 31,4 · 20

◼ part du français rudimentaire
chez l'ensemble des élèves
☐ chez les mauvais élèves

On constate que, pour le bon élève (tableau C), le langage écrit, moins rudimentaire que celui de la moyenne au CP, devient plus rudimentaire que la moyenne au CM2.

Ces modèles de phrase étant en fait ceux des manuels et des livres de lecture, on peut conclure que l'élève jugé « bon » est celui qui est le plus docile et le plus conformiste au fil de la scolarité. Le tableau A nous disait que le « bon » est le « pauvre ». Le tableau C précise : le « bon » est celui qui consent à s'appauvrir.

L'évolution est inverse pour le mauvais élève (tableau D). Son langage écrit est très rudimentaire au CP. A mesure qu'il grimpe vers le CM2, la part de ce français-là diminue, comme si le mauvais élève, très perméable dans les petites classes au langage des manuels, s'émancipait progressivement du français

Tableau E

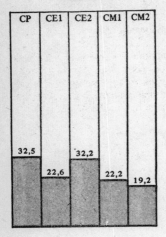

Tableau F

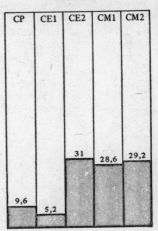

scolaire. Ce qui ne lui réussit pas puisqu'il écope du qualificatif
« mauvais » [1].

Les modèles spécifiques ou comment mesurer l'originalité (tableaux E et F)

On peut vérifier les résultats précédents en prenant le problème
dans l'autre sens. Au lieu d'étudier la part de français standard,
étudions la part des tournures propres à une catégorie d'élèves,
celles qui caractérisent ce groupe.

1. *Remarque concernant les tableaux C et D :* Une question subsiste sur le plan
théorique : les français « non rudimentaires » ne sont pas définis, et les
941 modèles de phrases restants ne constituent probablement pas une catégorie
homogène — dès lors on peut se demander si le français non rudimentaire des
« mauvais » élèves est le même que celui des « bons ». Cela ne change rien au
problème, mais incite à vouloir affiner l'analyse.

Comme on peut le voir sur le tableau E, l'originalité chez les « bons » élèves diminue du CP au CM2. Parce que leur langage écrit se diversifie, et donc s'enrichit ? Non : le tableau C a montré au contraire que ce langage s'uniformise (sur le plan de la syntaxe).

Selon le tableau F, l'originalité croît pour le « mauvais » élève du CP au CM2. On peut penser que ces modèles de phrases spécifiques, très éloignées du français rudimentaire, le mauvais élève les tire du langage oral qu'il emploie à l'école dans ses textes avec de moins en moins de complexes. Inconscient !

3. Conclusions

Les résultats de cette enquête ne permettent pas d'affirmer qu'il y a une sclérose du langage chez l'élève de l'école primaire de ce département[1]. Tous les élèves acquièrent de nouveaux modèles de phrase au long de leur scolarité, mais ils les utilisent de façons différentes.

Ils disposent de deux stratégies (involontaires, bien sûr) :
— Employer très peu, et de moins en moins, ces nouvelles structures de phrase dans leurs écrits scolaires ; ils seront alors classés « bons » élèves.
— Employer beaucoup, et de plus en plus, ces structures si elles sont acquises, et ils seront classés « mauvais » élèves.

En d'autres termes, l'enseignement du français récompense le conformisme et pénalise l'originalité. Prenons l'exemple d'Élizenda : elle a cinq ans et demi, elle va bientôt entrer au cours préparatoire, elle utilise une syntaxe très riche. D'après les résultats fournis par François Charpin, voici quelles sont les règles du jeu scolaire pour elle :
— Au CP, elle va sans aucun problème être classée parmi les « bons » élèves, tout au moins au début.

---

1. L'enquête de François Charpin ayant porté sur un seul département, il reste à savoir dans quelle mesure les écoles de la Haute-Vienne sont représentatives de la scolarité primaire de la France entière.

— Le cours élémentaire 1re année provoque une cassure brutale, visible dans les chiffres. Dès lors Élizenda se trouve confrontée au « choix » suivant :

1. Laisser ses structures de phrase au portemanteau, ou tout au moins ne jamais les employer à l'école et employer uniquement un français rudimentaire : auquel cas elle aura le plaisir d'être classée « bonne » élève, avec toutes les chances de poursuivre sa scolarité dans des conditions normales.

2. Persister à employer un langage riche et varié, c'est-à-dire utiliser ce qu'elle acquiert, entend et lit, ailleurs que dans le cadre scolaire... On la retrouvera alors, vers la fin du cours moyen et à la veille de l'entrée en sixième, dans la catégorie des « mauvaises » élèves — en clair, elle sera en état d'échec scolaire.

Une telle enquête devrait être étendue au premier cycle de l'enseignement secondaire, c'est-à-dire dans les collèges. On pourrait alors savoir si les élèves, bons ou mauvais, continuent à acquérir des structures nouvelles, ou bien si, à force de ne pas les utiliser, les « bons » élèves par exemple ne vont pas les perdre, purement et simplement. Dans ce cas il y aurait effectivement sclérose, régression, et pas seulement « adaptation ».

Les résultats de l'enquête de François Charpin appellent quelques remarques d'ensemble. La première est que l'école primaire, dans la zone géographique concernée, fonctionne comme un laminoir du langage dont la production est entièrement consacrée à du français rudimentaire. Même si cela corrobore les observations générales et les déductions que l'on peut établir par ailleurs, la surprise et la nouveauté c'est de voir ce fait confirmé par ordinateur.

La seconde remarque concerne la chute vertigineuse observée chez tous les élèves à la sortie du cours préparatoire, les bons comme les mauvais. Elle peut s'expliquer par la violente agression que le « français scolaire », tel qu'il a été décrit plus haut, produit sur l'enfant lors de son entrée au cours préparatoire. Au cours du CE1, l'enfant « s'endurcit » probablement, psychologiquement parlant, et devient moins sensible à l'étranglement langagier auquel on l'oblige pour « réussir ». Étant tombé très bas, il ose, bien timidement, se resservir un peu mieux, pendant le CE2 et le CM1, de ses structures acquises. Les exigences de nouveau accrues de la préparation à l'entrée en sixième expliquent sans doute la « rechute » observée chez les « bons » élèves, ceux qui se plient le plus docilement aux contraintes du français rudimentaire — qui jouent le mieux à « qui perd gagne ».

Reste que cette enquête met en évidence un paradoxe pour le moins « dérangeant » : l'obligation de pauvreté langagière pour pouvoir effectuer de « bonnes » études primaires !... et sans doute la perte de la richesse et de la variété de la langue tout au long de leur scolarité par les « bons » élèves. Quand on songe à la masse d'énergie mise en œuvre, aux efforts constamment déployés par un corps d'instituteurs dévoués, l'étrangeté de ce fonctionnement à rebours étonne davantage. On pense irrésistiblement à cette fameuse série de dessins animés où les Shadocks, pauvres bêtes fantastiques, pompaient, pompaient inlassablement, dans le branle-bas de leurs machines absurdes ! L'école des Shadocks, c'est la conséquence pratique et ultime — à mon avis tragique — de l'obéissance irraisonnée au vieux mythe de la langue pure et désincarnée — ce mythe qui soutient seul en France la formation et l'usage d'un français scolaire absurde, dangereusement coupé à la fois de la langue vernaculaire et de la langue littéraire, et en fin de compte néfaste au développement culturel et intellectuel des enfants, de la jeunesse, indiscutablement du pays tout entier.

Dernière remarque : cette enquête illustre précisément le fait que l'échec de cet enseignement de la langue résulte du fonctionnement d'un mauvais système global, et qu'il n'est pas dû, contrairement à l'injuste et injurieux sentiment public, à l'incurie et à l'incompétence des instituteurs en tant que tels. Au contraire : on peut dire que plus ils sont efficaces, plus c'est la crise [1] !

---

1. La présentation de cette enquête sur les travaux de François Charpin, ainsi que les conclusions qui sont exposées, sont de la seule responsabilité des auteurs du présent ouvrage (C. Duneton et F. Pagès).

4

Schizo, ma non troppo

DUNETON : La conséquence la plus immédiate de cette langue scolaire de la non-communication, c'est qu'elle place l'enfant — l'élève, quels que soient son âge et son « niveau » — dans un sacré traquenard ! Non seulement ça lui coupe le sifflet, comme ça, d'entrée de jeu — mais il se trouve, pauvre môme, dans une situation analogue à celle du vieil âne du vieux scolastique Buridan... Et même, d'une façon plus précise et plus aiguë, je trouve qu'il y a une similitude, dans son cas, avec ce que les psychiatres britanniques Laing et Cooper ont appelé, dans les années 60, la double contrainte — *the double bind*. Je me suis un peu intéressé à cette doctrine des « nœuds », à une certaine époque... La situation de double contrainte, telle qu'elle est décrite « cliniquement », est la suivante : il existe un premier message apparent, qui donne un ordre à l'individu par exemple, pendant que passe une forte injonction inconsciente qui est tout à fait contradictoire... Un cas : la mère dit à l'enfant : « Va-t'en, il faut que tu partes, je le veux », et dans le même temps elle émet un violent appel intérieur qui se lit dans tout son comportement, et qui dit : « Reste, reste, surtout ne me quitte pas ! » L'enfant perçoit ces deux ordres contradictoires, et il ne sait pas auquel il doit obéir. C'est embêtant : s'il obéit à l'un, il désobéit forcément à l'autre — par conséquent il est fautif dans tous les cas. Et malheureux ! S'il s'en va, sa mère devient malade et menace de mourir de

chagrin. S'il reste, elle l'agonit et le repousse parce qu'il n'est
pas parti : elle lui crie qu'elle le fera... mourir de chagrin ! C'est
pas commode... L'enfant se trouve « lié » par ce « nœud »,
et plongé dans un sentiment de culpabilité qui, savamment
entretenu, peut devenir rapidement intolérable, provoquer
une souffrance intense, et même un état de dissociation de la
personnalité... Il devient un peu « schizo » dans sa tête : il
est « fendu », quoi ! — C'est-à-dire que, selon Ronald Laing,
les conséquences de cette double contrainte peuvent s'éten-
dre, en fonction des cas et d'une foule de données, des
simples troubles du comportement jusqu'à une forme de
schizophrénie caractérisée. Ça dépend... S'il y a du vent, si
l'individu est résistant ou pas... La marge est grande entre les
fugues à la petite semaine et l'hôpital psychiatrique tout
confort. On entre là dans des considérations trop complexes
que j'ignore. Ce qui m'intéresse c'est le principe du
« nœud ». Disons que dans la vie courante l'effet de cette
double contrainte est que l'individu, coincé, est incapable de
prendre une décision. Il devient abattu, apathique, il se
replie sur lui-même, inactif, sombre, sans goût pour rien, il se
traîne...

Eh bien, je trouve qu'il y a un rapport étonnant, et
étonnamment précis, entre cette description « clinique » de
la double contrainte en psychiatrie et la situation de l'enfant
à l'école, où il se débat avec la contradiction suivante :
« s'exprimer », on le lui demande, mais dans une « langue de
bois », qui ne le permet pas. C'est ce que j'appelle, pour rire
un peu : le *schizo, ma non troppo*[1] !... C'est du reste le *ma
non troppo* qui pose un problème à mon avis... Musicalement
c'est sans doute pas grave — psychologiquement, si. Parce
que si les gosses devenaient carrément schizos, tous à la fois,

---

1. Pour ceux qui sont tout à fait brouillés avec la musique, c'est là un jeu
de mots avec l'indication de tempo *scherzo* (vif et gai), *ma non troppo*
(mais pas trop), que l'on peut lire sur certaines partitions musicales.

ça se verrait... Nos enfants! Fous à lier! On crierait au
scandale : « Ah! que leur fait-on? Arrêtez le massacre!
Lâchez-moi tout de suite cette tronçonneuse!... » Là,
comme c'est seulement *ma non troppo,* ça demeure généralement dans les limites du tolérable. On l'appelle tout simplement, d'un doux nom bien rassurant : l' « échec scolaire ».
— Je m'explique. Il existe une contrainte permanente qui dit
à l'écolier : « Exprime-toi. » Elle existe d'abord sous la
forme concrète d'exercices, de questions; l'enfant est
constamment sollicité par ses maîtres, des adultes généralement attentifs à son bien-être, à son avenir, sincèrement
dévoués à sa réussite et à son épanouissement. Ils lui
répètent : « Exprime-toi, exprime-toi! » Ils lui donnent des
devoirs, en particulier des rédactions, compositions et disser-
tations... Mais cette demande est pour ainsi dire institution-
nelle — puisque l'enfant se lève à 7 heures du matin, parfois
plus tôt, qu'il prend des autobus, souvent des cars, dits de
« ramassage scolaire », lesquels le dirigent, dans la nuit et le
froid des petits matins brumeux, vers des locaux clairs, au
mobilier coûteux, chauffés tout exprès pour qu'il ait le loisir
de... s'exprimer. Ça coûte effectivement beaucoup d'argent.
Il le sait. On le lui rabâche assez!... Et ses parents, le soir à la
veillée, lui demandent... s'il s'est suffisamment bien exprimé.

PAGÈS : La pédagogie de ces dernières années, qui est
tournée vers la créativité, la spontanéité des élèves, renforce
énormément cette contrainte.

DUNETON : Oui! parfaitement... Et elle prend, suprême
astuce, l'allure d'une libération. « Nous sommes à l'écoute —
tout oreille, mon petit! Exprime-toi, de grâce, exprime-
toi!... » Oui, mais voilà, l'os, le hic, le piège, là où ça coince
— on lui dit en même temps : « Exprime-toi, c'est entendu,
mais dans la langue que nous te fournissons avec le mobilier,
à l'intérieur de ces pièces confortablement chauffées... La

langue scolaire ! Exclusivement. Y a pas à discuter : c'est ça
ou rien. On n'a pas installé tout ce beau matériel dans ces
jolies classes décorées avec goût pour venir y chanter du
vernaculaire, quand même !... " Y a le chat, il veut entrer
dans la niche... " Et quoi encore ? Ici on dit, on lit, on écrit :
" Le chat entre dans la niche... Un homme pêche dans la
rivière... " Ici on s'exprime du mieux possible, avec sujet,
verbe et complément. Un point c'est marre, un point c'est
tout. Plus tard, quand tu seras grand, tu apprendras qu'on ne
dit pas : " Rappelez plus tard ", mais : " Veuillez renouveler
votre appel. " Bref, ici on n'est pas à la maison, on s'exprime
dans une langue laïque, complètement gratuite c'est certain,
et totalement OBLIGATOIRE ! » — C'est là que ça devient
terrible... Manque de pot, nous l'avons vu, cette langue-là,
elle permet tout ce qu'on veut, sauf de s'exprimer. L'expression ne passe pas... Alors ? Contradiction... La pression à ce
moment s'accentue : on lui fait miroiter que c'est la langue la
plus propre, la plus claire, la plus pure... La plus expressive,
quoi ! Que s'il a du mal avec, c'est lui le petit sagouin,
l'incapable, la ruine de l'humanité. Lui qui coûte les yeux de
la tête à la société, et qu'il vaudrait mieux qu'il soit pas venu
au monde si c'est comme ça !... Il est malheureux. Il se sent
coupable. Il souffre... Il casse quelques vitres, aussi. Déchire
un bouquin ou deux. Mais ça l'avance pas. Voici le nœud : la
double contrainte... Comment sortir de cette impasse, lui si
jeune ? Sans appui, sans soutien !... Il n'y a pas d'issue :
schizo ! schizo ! — *ma non troppo,* bien entendu.

Les enfants des Schtroumpfs et de Goldorak !

Concrètement, à mon avis, les perturbations provoquées
par cette double contrainte oscillent entre la dyslexie totale,

la confusion mentale et les simples troubles de l'orthographe. Si l'enfant n'a rien de spécial à dire, à la rigueur, s'il n'a aucun désir de communication, il pourra encore s'en tirer. Il se pliera d'autant plus facilement à cette langue qui ne dit rien ; il la prendra pour un jeu... Mais à partir du moment où il a quelque chose à dire, où c'est important pour lui de suivre l'injonction de s'exprimer, les dégâts de cette double contrainte par la langue scolaire peuvent aller beaucoup plus loin. Peut-être jusqu'à la maladie mentale dans des cas extrêmes... Mais assurément jusqu'au refus pur et simple de la scolarité. C'est, à mon sentiment, ce qui explique ces phénomènes de rejet de la scolarisation, qui ont l'air « inexplicables » dans certains cas.

PAGÈS : J'aimerais qu'on s'arrête un peu sur les troubles de l'orthographe... Le mécanisme ?

DUNETON : Il paraît simple. L'enfant ne peut pas refuser « officiellement » cette langue de bois qu'on lui propose... Il n'a même pas conscience de ce qui se passe en lui. Il peut se rendre compte qu'il est malheureux sans savoir pourquoi, ou bien ne même pas se sentir froissé du tout. Mais s'il ne peut pas refuser ouvertement, il peut tricher... Il va donc faire son possible pour mettre un écran entre la langue et lui, afin de se protéger. Au lieu d'écrire : « Telle une volée de moineaux, nous nous précipitâmes gaiement dans la cour », que l'institution voudrait lui faire adopter comme son expression personnelle, sa façon à lui de dire « non » c'est de l'écrire en ne l'écrivant pas vraiment, en défigurant la phrase : « Tèle une volé de moinots, nous déssendims, etc. » Le gosse se débrouille comme ça pour se dédouaner : surtout qu'on n'aille pas croire que ce qu'il écrit là est à lui ! Qu'il ne puisse pas le penser lui-même. Il installe les barrières visuelles, prend ses distances au maximum. Il inscrit les mots, d'accord, mais sans orthographe. Afin qu'on soit obligé de dire :

« Ah non, ce n'est pas lui. » *Moinot,* ce n'est pas vraiment un
moineau… C'est justement ce qu'il veut : que ça n'existe pas
vraiment. La mauvaise orthographe c'est une forme quasi
générale de protestation inconsciente.

PAGÈS : Habituellement on donne une explication beaucoup
plus simple, c'est que le français a une orthographe horrible-
ment compliquée.

DUNETON : Oui, elle a des bizarreries, mais à présent on n'en
est plus aux subtilités, dans les classes… C'est le fond même
de la graphie qui est bafoué. Et on ne peut pas raisonnablement dire que l'orthographe française, dans sa structure, soit
plus compliquée qu'une autre. Il doit y avoir trois façons
d'écrire le son « o » : *o, au, eau…* C'est pas le bout du
monde. En anglais c'est bien pire : *o, oa, ow, ou, a, au, aw,*
tout ça pour le son « ô », et je dois en oublier ! En outre
chacune de ces graphies-là peut représenter deux ou trois
autres sons complètement différents ; le fameux groupe *ough*
représente au moins quatre sons à lui seul. Pareil pour
presque toutes les voyelles, tout ça croisé, variable à
l'infini… C'est les sables mouvants à côté du français, où, au
moins, *eau* ne se prononce jamais « u » ! Ne parlons pas des
langues orientales ! Un enfant japonais, par exemple, il lui
faut arriver à onze ans, paraît-il, pour qu'il soit en mesure de
commencer à déchiffrer le journal. Onze ans ! Et il lui reste
encore une masse de signes à découvrir… Parler d'une
extrême difficulté de l'orthographe française n'est pas
sérieux en comparaison. Penser qu'on ne peut pas retenir un
accent grave ou aigu, face à ce que l'on dit des immenses
possibilités d'un cerveau humain, même jeune, c'est une
plaisanterie. — Du reste ces soi-disant petits débiles de la
mémoire graphique retiennent des choses fort compliquées
dès l'âge le plus tendre. Goldorak, le héros de la télé, n'est
pas simple ! Et Schtroumpf ! Il paraît qu'ils identifient ces

mots-là « en se jouant ». Imaginons que l'orthographe française devienne phonétique — *chato* pour *château,* etc. Je pense que le môme trouverait toujours une façon d'écrire autre chose. Dans la même situation de contrainte à l'inexpression, si on lui imposait *chato,* il écrirait *chado* pour protester. Ou peut-être *château,* est-ce qu'on sait ? Non, je suis persuadé qu'au bout de quelques mois, sans parler d'années, un gosse normalement constitué a complètement intégré la graphie des différents sons de la langue française — qu'il est capable d'orthographier les mots. Son refus est infiniment plus compliqué qu'une question de mémoire et d'attention. Je crois fermement que c'est un refus inavoué de la langue à laquelle on le contraint. L'année dernière j'ai du reste eu le mauvais privilège de découvrir par hasard une sorte de « preuve » de ce que j'avance — au moins la confirmation que les déviances orthographiques résultent bien davantage de réticences d'ordre psychologique, que d'une ignorance formelle. (Voir document 6, ci-après.)

PAGÈS : Est-ce que tu as aussi des exemples dans ton expérience d'enseignant ?

DUNETON : Oui. Il y a dix ans, sur deux classes de cinquième, la même année, j'ai fait quelques petites expériences « libératoires ». Libératoire, ça veut pas dire : écrivez ce qui vous passe par la tête. Pas du tout. J'ai commencé par leur faire faire des exercices de transcription de petites conversations qu'ils avaient prises au magnétophone. Des gens autour d'eux, ou bien sur les marchés, des petits reportages sur mini-cassettes... Enfin de la vraie langue vernaculaire, quoi. Leur premier réflexe était de remettre tout ça en langue scolaire : si la bande portait *kèstuveu,* ils écrivaient « que veux-tu »... Il a fallu beaucoup de persuasion de ma part pour qu'ils transcrivent exactement. Et transcrire c'est déjà toute une leçon de linguistique appliquée... Ça devient un jeu fabuleux, qui pose précisément tous les problèmes de graphie, de ponctuation, d'une façon aiguë... Peu à peu ils se sont mis à s'exprimer sans interdits, en ayant l'impression qu'ils utilisaient une vraie langue — pas une langue d'école. C'était gagné. Disons, sans idéaliser, que les mômes qui n'arrivaient pas à faire trois phrases au départ arrivaient à faire une petite page. Ceux qui écrivaient déjà une page ou deux en début d'année, c'est vite devenu impossible à gérer parce qu'ils écrivaient des textes de dix ou douze pages tous les quinze jours ! Il n'y avait pas de critère de bienséance, seulement de langage. En fait il y avait un seul critère : savoir si on comprenait et si c'était intéressant. Tous les problèmes grammaticaux que l'on voudra se résolvent par là. Naturellement ce n'était pas moi le seul juge... Ils lisaient tous leur affaire à la classe. Ou bien les copains étaient d'accord, comprenaient, ou pas. On refaisait la phrase, le paragraphe, l'ordre des choses. Il s'agissait de mettre la langue en état de communication authentique. Les mômes rouspétaient dur : tant qu'à faire d'écouter le récit du copain, ils voulaient que ce soit bien. Ils se faisaient pas de cadeaux. Alors ils refaisaient plusieurs moutures, bien entendu. D'eux-mêmes, ils bossaient énormément... Au bout de six mois la langue scolaire s'était peu à peu effacée par la force des choses. Elle avait un peu éclaté sous la poussée de l'expression. Ça devenait une langue écrite plus ou moins riche selon les individus, plus ou moins réussie, mais qui, petit à petit, existait. Même rudimentaire et malhabile, ce n'était plus tout à fait sujet-verbe-complément. Il y avait un message réellement transcrit avec de vrais mots qui signifiaient quelque chose et pas le jeu stupide et incohérent de quelques phrases laborieusement construites pour ne rien dire... La machine était un peu en marche.

PAGÈS : Et l'orthographe là-dedans ?

DUNETON : J'ai pas fait d'orthographe. C'était pas une expérience pédagogique que j'avais entreprise !... Nuance. J'étais au bord de la déprime. J'animais des classes en français de façon à aider des gosses à se débrouiller avec la langue, mais moi je ne faisais rien. Je ne faisais pas de cours. J'ai donc simplement constaté qu'il y avait de moins en moins de fautes d'orthographe dans leurs textes. Certains mômes qui au début n'avaient aucune notion d'orthographe se sont mis au cours de l'année à écrire à peu près comme tout le monde. Ils faisaient des petites fautes seulement, des oublis. Sans que je m'en mêle. Ils cherchaient dans des diction-naires, ils se débrouillaient — justement, c'est *eux* qui s'en mêlaient ! Pour eux. A partir du moment où ce sont ses mots, sa phrase, son rythme à lui, et qu'il en est plutôt content, le môme n'essaie pas de rien déguiser sur le papier. Il essaie au contraire que la forme extérieure soit le plus conforme possible à ce que son lecteur attend de lui. — L'orthographe qu'est-ce que c'est ? Un code ! Tu le respectes comme tu respectes le code de la route : pour ne pas te biller la gueule. Si tu tiens à ce que tu dis, tu fais mieux attention à respecter le code. Pour que la communication s'établisse. Qu'il n'y ait pas de confusion... Et comme c'est pas du chinois — je le répète, dans une langue comme le français, ça n'est pas extrêmement difficile... Ça va.

PAGÈS : Admettons ce que tu dis pour l'orthographe des mots... Mais pour l'accord du participe passé, tu ne peux quand même pas te dispenser d'un enseignement de gram-maire. Ça ne se règle pas de soi-même...

DUNETON : D'abord les mômes dont je parle, ils étaient en cinquième, pas au CM ou au CE. Ils en avaient bouffé, avant d'arriver là, des règles et des explications ! La théorie, ils la connaissaient. Les enfants la connaissent très tôt. C'est pas sorcier de *savoir* mettre des *s* à la fin des pluriels. Ce qui est sorcier, apparemment, c'est de l'appliquer, c'est de le *faire*.

PAGÈS : Il doit bien tout de même exister des cas où il ne s'agit pas d'une simple résistance inconsciente ! Le gamin chez qui l'orthographe ne rentre pas, ne rentre jamais ?

DUNETON : Je ne dis pas que tout, absolument tout, s'explique ainsi. Il existe des cas pathologiques, c'est certain... Mais là on entre dans les troubles graves, chez les enfants réellement malades — dont les médecins spécialistes disent qu'ils sont relativement rares. Je crois que quelle que soit l'excellence de la relation des enfants avec la langue et dans le meilleur des mondes possibles, il y aura encore des enfants qui seront incapables d'acquérir l'orthographe. Mais ce devrait être une infime minorité ! Ce qui est étonnant, à l'heure actuelle, c'est la proportion anormale, hors de toute limite, qu'a pris le phénomène de dysorthographie. Il ne s'agit plus d'une classe — ni sociale, ni autrement —, d'une école ou d'une région, mais de la France entière... Reprenons notre enfant enregistrée : je crois que la petite Élizenda a toutes les chances d'être une enfant dysorthographique quand elle sera scolarisée. C'est-à-dire bientôt. Je suis prêt à le parier... Parce que, lorsqu'elle va devoir s'exprimer, avec sa personnalité, en passant de son histoire de tigre et de monstre racontée dans sa langue à elle, à des histoires de « chèvres dans un pré », il va y avoir quelque chose en elle qui va refuser. Profondément. Nous l'avons dit : ou bien elle régresse gentiment, elle accepte de se couler dans cette langue simplette qui est censée être celle des bébés — mais elle est obligée alors d'entrer en conflit avec sa langue à elle, déjà évoluée, et ça se traduira dans le graphisme —, ou bien elle refuse cette régression, ce qui est prévisible étant donné son caractère assez entier et l'assurance de son entourage, dans ce cas le conflit sera ouvert avec l'école dès les premières semaines. Même — et c'est là quelque chose d'important : même si la maîtresse est gentille avec elle, et si tout va bien sur ce plan-là, il y aura trouble... Ce sera plus ou moins aigu, simplement, selon la personnalité de l'enseignant et la convivialité de l'environnement ! Bref, dans tous les cas, on peut à peu près parier qu'Élizenda sera dysorthographique. Sauf... sauf, peut-être, si sa mère intervient et dirige elle-même l'apprentissage. Seule chose à lui conseiller, à mon avis.

PAGÈS : C'est précisément ce qu'a fait M. Charpin, le prof de fac qui a réalisé l'enquête du chapitre 3. C'est lui-même qui me l'a raconté quand je suis allé le voir : il a enseigné à ses enfants tous les phonèmes de la langue française et leur graphie, préventivement, avant même que ses gosses entrent au CP... Parce qu'il était bien placé pour savoir ce qui les attendait et qu'il décrit dans son enquête.

DUNETON : Malheureusement il ne suffit pas que l'ortho- graphe ait été solidement acquise pour qu'elle résiste à l'épreuve du temps et de la langue scolaire... Mes garçons, fils d'institutricé, avaient une très bonne orthographe dans les classes primaires, surtout l'un d'eux. Elle s'est détériorée régulièrement entre la sixième et la troisième, disons. C'est un cas tout à fait fréquent chez des jeunes gens qui par ailleurs résistent assez bien à l'agression scolaire, qui sont catalogués « bons », et même parfois « excellents ». Il y a là une dégradation qui devrait poser question, non ?

PAGÈS : Je dirai même plus : qui devrait *interpeller* !

DUNETON : Exactement !... Non seulement l'école n'arrive pas à enseigner l'orthographe, mais elle la démolit lorsqu'elle existe ! C'est tout de même « interpellant », cette enquête de Charpin qui démontre la dégringolade de la langue chez l'enfant dès la deuxième année de sa scolarité. Ça devrait faire dresser les cheveux sur la tête de tout le monde. Les responsables, les parents, mon chien — ça devrait lui donner envie de mordre !... C'est à hurler, le soir, au fond des collèges, ces résultats de Charpin !

PAGÈS : Les profs s'en aperçoivent mal parce qu'ils ont rarement le même élève deux ans de suite. Mais les parents, eux, devraient s'en apercevoir.

DUNETON : Ils s'en aperçoivent s'ils sont attentifs... D'ailleurs je crois que tout le monde s'en aperçoit, les profs aussi. Personne ne dit rien parce que personne ne sait quoi faire, en fait. C'est comme ces scandales dans les familles, que l'on étouffe par accord tacite... On pousse un coup de gueule contre le môme, à la rigueur. Ou contre sa génération, si on est large d'esprit. — Ah les jeunes !... — C'est tout de même extraordinaire : ce sont les victimes qui se font engueuler, par-dessus le marché !

PAGÈS : Une autre explication à cette dégradation générale est peut-être que les enseignants n'ont plus le moral pour enseigner cette chose délicate... L'orthographe est contestée depuis quelques années, ce n'était pas le cas avant. Quand la motivation de l'enseignant baisse, celle de l'élève baisse encore plus...

DUNETON : A cela près que c'est une minorité d'instituteurs qui sont laxistes en orthographe. Ça fait partie des choses qu'ils ne détestent pas enseigner, justement parce que c'est quantitatif, tangible... Ceux qui s'en foutent totalement sont sûrement une minorité infime. Non, je me répète : l'orthographe n'est que la partie visible de l'iceberg. Sa détérioration est un symptôme, ce n'est pas la maladie.

DOCUMENT 6

Des fleurs pour Algernon

Je travaillais, il y a quelque temps, à la publication d'un journal intime laissé par un jeune homme mort d'un cancer : Alain Cahen. J'avais également mis au point le manuscrit de son roman posthume, *Zig-Zag*. Voici ce que j'ai découvert en comparant la dactylographie qui avait été faite de son « journal » avec le texte écrit de sa main, au jour le jour, dans les carnets où il consignait les progrès de son mal[1] :

... à mesure que le cancer gagne et progresse sur Alain Cahen, et qu'il devient éminemment mortel, son orthographe... s'améliore ! Du moins pendant un temps. — J'ai l'air de pratiquer l'humour macabre, mais non ! Son orthographe suit pour ainsi dire la courbe de sa lutte pour la vie : elle se redresse, se tend, s'affermit pendant la période d'exaltation où l'espoir renaît avec un soulagement passager, presque une rémission, vers la mi-novembre, l'espoir insensé de survivre, ne fût-ce que quelques années... Puis elle retombe, elle dégringole à nouveau un mois plus tard avec la lassitude intérieure, mi-décembre, quand finit le jeu de l'espoir fou, une fois devenue réelle l'ombre du trou, et la capitulation interne de l'être.
Je vais être plus précis : dans ses textes — et le manuscrit de *Zig-Zag* est ainsi — Alain Cahen confond constamment, entre autres choses, le futur et le conditionnel à la première personne du singulier — à la première personne seulement. C'est sa « faute » la plus assidue : il écrit toujours *ais* (qui est le conditionnel) au lieu de *ai*, la forme du futur — « Je viendr*ais* demain », au lieu de « je viendr*ai* ». Cette confusion, ce mélange, ne sont pas dus au pur hasard mais bel et bien aux caprices d'un inconscient qui transparaît ainsi au bout de la plume. En effet, « normalement » si j'ose dire, Alain Cahen ne croit pas au futur. Pas pour lui en tout cas — pas à *sa* personne... Il le marque, chaque fois qu'il dit *je*, il le transfigure en lui ajoutant un *s* parasite, marque graphique du

1. Claude Duneton, « Un essai sur la vie », introduction à Alain Cahen, *les Jours de ma mort*, Seuil, 1983, p. 11 à 15.

conditionnel. Autrement dit, il soumet son futur à des conditions, à l'incertain. Parce que le futur, je crois, lui fait sincèrement peur, il le veut vague et flou.

La peur, c'est son état depuis longtemps, le fond de sa névrose, elle court dans ses manuscrits, avec l'ombre de la mort. C'est le thème de fond de *Zig-Zag* où il écrit au sujet de ses vingt ans : « J'étais en somme pas bien acclimaté à l'existence réelle, aux faits... Je vivais qu'en attente... Je voulais pas admettre, je voulais pas vivre presque, je faisais que des soubresauts, des à-coups et puis des grands moments à être ailleurs, dans le béat... Ma nature... » (chap. 1). Et plus loin ce beau passage sur son refus de l'avenir, parce qu'il contient la mort en chemin, « à venir », et le refuge dans l'instant présent, seule certitude (ce qui est par parenthèse le sentiment de toute une génération terrestre, au moins occidentale, désenchantée) : « J'avais donc très fort je peux dire et terriblement et un peu de façon dramatique et adolescente en somme ce sentiment de la fin et de la chute comme se tenant toujours et plus permanent que tout en delà de toutes choses et tout ce genre ombre et finalement dépressif et un vrai bateau de tristesse [...]. En plus il y a le côté fragile et la fragilité générale des choses... C'est leur nature et leur destin, c'est-à-dire qu'elles n'ont pas d'autre solution et durer et tout avec le côté survie et avenir serait une affaire de béquilles et de replâtrage », etc. (chap. 19).

Le pendant de tout cela, sa traduction graphique dans les carnets, c'est par exemple l'ambiguïté d'un tel verbe, que je n'ai du reste pas réussi à corriger : « Mais pour revenir à ces drogues, je n'arrive pas à croire à leur puissance, pas vraiment. [...] Je crois qu'elles peuvent me prolonger et peut-être mener une guerre d'usure d'où je *pourrais* à la longue sortir vainqueur. » Le sens indique qu'il a voulu mettre *pourrai*, le futur logique ; mais il a écrit *pourrais*, par crainte, au conditionnel... C'est aussi difficile à trancher que la phrase qui suit est évidente comme commentaire de cette indécision : « L'incertitude est maintenant imprimée dans ma chair, dans mon ventre, en dedans. Elle est dans ce qui me constitue » (17 octobre 1977). On pourrait croire que je cherche des poils sur les œufs, le cheveu en quatre !... J'entends d'ici le haro ! Ce type ne savait pas écrire le futur, un point c'est marre ! — C'est ce que j'ai cru aussi... Et puis voilà, tout à coup, le 8 novembre, hors de rien, il parle de son angoisse par rapport à ses écrits inachevés et de l'image qu'il laissera à son fils : « Ces jours-ci j'avais un malaise qui tournait autour de ces questions. J'en *reparlerai* peut-être plus tard. » Un futur sans *s*, parfait, clair... Mais que s'est-il passé le 8 novembre ? Eh bien il est à l'hôpital. Quelques jours plus tôt il a frôlé la fin des fins, la vraie mort avec une hémorragie à la jambe. On l'a transporté d'urgence. A présent il a été opéré ; il va mieux, il est sauvé pour ce coup-ci... Sa femme et son fils sont partis, mais ils doivent revenir au matin. « Il y a un bocal et du mimosa et trois petites roses qu'elle m'a achetées. Le mimosa sent bon. » Là, c'est le soir. Il raconte. Il vient d'entamer son second carnet, dont c'est la deuxième page. Du coup : « J'en *reparlerai* !... » — Ce n'est d'ailleurs qu'une brèche ; quelques phrases plus loin il retombe dans l'habituel douteux : « sans doute qu'après je n'*aurais* pas le courage de retrouver le reste qu'il me tenait à cœur d'exprimer et j'*aurais* sans doute le sentiment d'avoir mal fait », etc.

En revanche le lendemain 9 novembre a été une excellente journée. Il a fait une sortie au restaurant, au pied de l'hôpital, avec Hélène et Yohan... Surtout, Hélène a vu le docteur P. et ils ont reparlé de « ce nouveau traitement qui procède de l'immunologie » qu'on lui prépare, que l'on va lui faire, sous peu : une chose nouvelle — miracle peut-être pour lui contre le cancer !... « C'est un traitement mec de mec si j'ose dire, pas encore vulgarisé. Un Américain l'a mis au point et en France on commence seulement à l'expérimenter. » Ça lui donne rudement la frite ! A sa prose aussi... « Hélène, elle, a confiance, elle me le répète et me touche et me palpe et dit que je vais m'en sortir que ça lui semble tellement évident, que le contraire n'existe même pas. »

Là, c'est la fin de l'après-midi, dans la chambre le mimosa continue à sentir bon. Demain il doit repartir chez lui, quitter l'hosto... Alors il termine, sans une erreur, par quatre futurs triomphants, impeccables : « Si tout à l'heure le chirurgien qui doit passer décide de me laisser partir demain [...] je *serai* un homme heureux. Je me *tirerai* demain en ambulance et *reviendrai* pour me faire enlever mes points. Je *saurai* ça tout à l'heure. » — Autrement dit s'il n'ose pas, bien sûr, chanter clairement victoire : son orthographe le fait pour lui !

A partir de là, les futurs en *ai* sont tous écrits correctement !... Le 15, où il a rempli son plus grand nombre de pages, dans une sorte d'enthousiasme allant jusqu'à des poèmes : « Je lui *demanderai* d'être indulgent », « Je sais que je veux vivre et que je *vivrai* », « Je le *mettrai* plus tard un peu à mes narines » — d'autres encore, rigoureusement exacts, avec cette culmination : « Quand je *rebaiserai* comme avant je *serai* guéri, voilà mon avis... »

L'idylle a duré une quinzaine de jours, puis il y a eu la crise à la fin du mois de novembre. Il plonge. Quand il peut enfin reprendre son journal, le 11 décembre, Alain est très affaibli... « Je n'ai plus de force à partir du poignet, plus de prise. » Et il y a cette phrase pathétique, où son premier futur se recasse la gueule : « Les objets n'ont plus de goût au bout de mes doigts. Je me rends compte aujourd'hui de toute la saveur qu'ils vous avaient quand ils vous passent si aveuglément dans les mains. Quand les sensations reviendront je *penserais* à mieux goûter tout cela... » Oui, bernique : son inconscient le transcrit au conditionnel. Car là il décroche, vraiment, en profondeur. Le lendemain, 12 décembre, il note : « Demain, désormais, n'est plus jamais sûr. N'importe quand peut être ce jour qui me verra entrer dans le sommeil, je veux dire l'absence de gestes, le début effectif de la mort... » Prédiction exacte. L'état comateux, la perfusion l'attendaient à courte échéance, avec un ou deux frères humains, infirmiers, potofs de fin de voyage, au chevet, pour bercer les dernières souffrances de son corps branché...

Le surlendemain de Noël il ne trace plus les lettres qu'avec effort — il trace encore : « Soit plus tard j'en *ferais* un livre », et le 31 décembre sa dernière ligne est : « L'année qui vient je vais me sortir de la mort ou je la *finirais* pas. »

C'était décidément pourri. Sans avenir. Des fleurs pour Algernon !...

5

Le casse-croûte
à Jules-Firmin

DUNETON : Nous étions dans un petit patelin de Seine-et-Marne, au milieu de la Brie, et c'était l'hiver. On tournait un film pour la télé, avec mon copain Gérard Follin, et notre acteur principal n'était pas un comédien mais un figurant. Nous l'avions recruté dans un bar des Puces, à Montreuil, où nous avions déjà tourné... Dans la vie Jules-Firmin est laveur de carreaux. Il est aussi chargé des poubelles de plusieurs immeubles dans Paris, et ce travail l'oblige à se lever tous les jours à 5 heures du matin. Il bosse de 6 à 7, puis il se tape un casse-croûte solide qui est un véritable repas, avant d'entamer sa journée proprement dite. Ce genre d'habitude ne se change pas d'une semaine à l'autre : il avait cinquante ans, sa routine c'était de manger à 7 heures du matin.

Sur un tournage où l'équipe commençait à 9 heures, ça posait un problème... Comme je me lève tôt, j'ai dit : « Je prendrai le casse-croûte avec Jules-Firmin. » Nous logions dans un hôtel qui venait d'être refait et qui avait obtenu une étoile. Jusque-là c'était un restaurant ouvrier ordinaire dans la plaine de la Brie, mais les propriétaires avaient fait des travaux, ça donnait une salle de restaurant avec des plantes vertes, des nappes rouges, des lampes en roue de charrette et du fer forgé. La patronne, du coup, se prenait pour une hôtelière de grande classe... Le soir le repas était mauvais, mais au lieu d'une soupe il commençait par un « velouté » de ceci, un « suprême » de cela (en boîte), et la carte était bidon à l'avenant. Mais ils avaient une étoile ! Plus question d'avoir l'air d'un troquet comme avant.

Donc le premier soir Jules-Firmin va trouver la patronne au comptoir et lui annonce gaiement :

— Demain matin, on peut avoir un p'tit cass'croûte ?

— Ah non !...

La bonne femme a eu une lueur comme un chat à qui tu écrases la queue.

— Non, pas de casse-croûte ici !

Le cri du cœur, définitif ! — On était assez surpris de sa réaction, et passablement emmerdés... On a essayé de parlementer, rien à faire. Des petits déjeuners, café, croissants, tartines, tant qu'on voulait, mais *pas de casse-croûte !*

Bon... On a combiné autre chose. Il y avait un routier à cinq kilomètres, qui ouvrait très tôt : je prendrais la voiture de production et je conduirais Jules-Firmin là-bas vers 6 heures et demie, 7 heures... Nous avons fait comme ça. On se tapait un casse-croûte dans les formes et les habitudes de tous les Français travailleurs manuels : jambon, pâté, omelette, beurre, fromage, le demi-litre de rouge, et le café pour finir. Ce que l'on appelle, partout en France dans le monde paysan, ouvrier et assimilé : un *casse-croûte*.

Le troisième jour, un os : on ne pouvait pas avoir la voiture du tournage ce matin-là, je ne sais plus, bref nous étions coincés à l'hôtel. La neige était tombée, il faisait un froid de canard, pas question de se farcir les cinq kilomètres à pied dans la plaine, la nuit et le blizzard. Nous étions très embêtés, et Jules-Firmin commençait à avoir des sueurs froides pour son repas du lendemain ! Quelqu'un qui a l'habitude de son casse-croûte n'est pas bien du tout si on le lui supprime — c'est comme d'aller au lit sans souper. Et nous avions besoin, parce que nous l'aimions, mais aussi dans l'intérêt du tournage, que Jules-Firmin soit bien, détendu et

tout... Je dis : « Laisse-moi faire, je vais essayer un truc. »
J'avais eu le temps d'observer les manières et les ambitions
de la patronne. J'avais l'impression que c'était le *mot* « casse-
croûte », surtout, qui lui avait explosé à la gueule le premier
soir — comme si son restaurant retombait d'un cran. Ça lui
avait fait un choc, la pauvre dame, le mot lui faisait entrer un
régiment de salopettes et de bottes de chantier, à nouveau,
dans sa salle repeinte à grands frais... Je sentais bien ça.

Je me suis avancé, j'ai pris un ton un peu mielleux dans la
note des lampes en bois et des fers forgés :

— Excusez-moi, madame, demain matin nous avons un
petit problème de voiture. Est-ce que vous pourriez, exceptionnellement, nous servir une petite... collation ?... A mon
ami et à moi...

Très distingué, très poli, je fais bien sonner *col-la-tion*.

— Mais oui, monsieur !

— Quelque chose de léger, n'est-ce pas, un reste de
fromage...

— Mais oui, monsieur.

— Du pain, du pâté, du saucisson, ce que vous aurez...

— Mais oui, monsieur !

Elle était contente. Tout ce que je voulais ! On faisait des
ronds, on jouait le bourgeois gentilhomme... Le lendemain
on s'installe avec Jules-Firmin. Elle nous amène la motte de
beurre, le pâté... Le casse-croûte maousse — mais déguisé
collation ! Ça changeait tout. Ça dégradait pas sa cambuse.
Elle n'avait pas mis de vin ; au bout d'un moment le copain
s'inquiète : « Y a pas moyen d'avoir un coup de rouquin ?...
Un p'tit côtes, non ?... — Bouge pas, je vais demander. »

Je craignais le côté « jaja » dans sa bouche. La prononcia-
tion qui nous aurait ramenés au casse-croûte et aurait fait
envoler les bonnes grâces... Je la voyais rembarquant les
assiettes, le sauce. Je montre le comptoir qui était bourré de
bouteilles :

— Vous auriez un peu de vin, s'il vous plaît ?

— Bien sûr, qu'est-ce que je vous donne ?

— Un... côtes-du-rhône, si vous avez.

— Très bien...

Tout dans le cérémonieux. Mon Jules-Firmin s'épanouissait... On s'est calé les joues comme des chérubins. — Tout ça à cause d'un mot. Un *mot !*... Autant *casse-croûte* l'avait mise à cran, autant *collation* lui a glissé comme une douceur dans l'oreille... Un bonbon fondant. Elle nous servait avec les gestes habitués à de longues années de casse-croûte dans le petit jour des aubes prolétaires, oui — mais *collation* allait avec son étoile toute fraîche, avec *casse-croûte* son étoile se détachait de la plaque et tombait dans le caniveau. C'est le pouvoir des *mots*.

Ça, c'est une histoire gaie. Mais quand tu prends la même chose dans la correction des copies, ça devient triste. Parce que les profs sont pareils à cette bistroquette : ils font du chiqué verbal. Seulement ils se donnent le prétexte de la culture ! On peut dire, évidemment, cette femme n'avait pas d'instruction — juste son certificat d'études, et quelques *Nous deux, Confidences,* depuis, pour égayer ses soirées... Le mot *collation* qui lui arrive comme ça, à l'oral, c'est un véritable paquet cadeau ! C'est la façon d'agir des escrocs. — Mais le prof qui a transformé *maçon* en *ouvrier du bâtiment,* il était licencié sans doute... Certifié, peut-être agrégé. C'est à pleurer de tristesse...

Tout ça, ce sont des histoires de pauvres impressionnés par le faux luxe.

Et moi, et moi, et moi...

J'ai enseigné le français, en sixième et en cinquième, au cours de l'année scolaire 1959-1960 — c'était ma première année d'enseignement. Voici une copie, datée du 14 mars 1960, retrouvée par une ancienne élève bien ordonnée, et qui a été corrigée par moi dans la pure tradition des parvenus à une étoile. Je donne ce témoignage un peu humiliant afin d'être bien clair dans mon propos : ce ne sont pas des individus qui sont en cause, mais l'obéissance niaise et aveugle à la puissance d'un mythe.

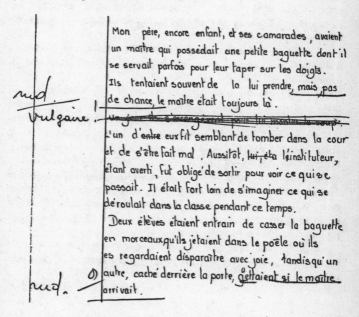

A vingt-quatre ans de distance, je m'insurge violemment contre cette correction abusive — pas moins scandaleuse que toutes celles que j'ai pu consulter ces temps-ci... Et ce n'est qu'un exemple, je le crains, de ce que je pouvais faire à l'époque dans le genre « châtions nos expressions ! ». — Il s'agit d'une copie de cinquième. Geneviève, son auteur, était une très « bonne » élève, mais elle n'était pas considérée comme la meilleure de la classe en « rédaction ». Un coup d'œil, en passant, au « niveau » des connaissances grammaticales et orthographiques : la « faute », ici d'inattention, est la seule de toute la copie. Il est vrai que Geneviève avait eu, dans les classes primaires de son village, un instituteur particulièrement réputé. Il est juste de dire qu'il était inspiré par la pensée de Freinet, et que je lui demandais de temps en temps des conseils...

Cela dit, si je pense que je souhaitais une articulation plus « écrite » pour le second « mal dit » : « guettait *pour voir* si le maître arrivait », ce qui est déjà discutable, je ne comprends pas du tout le premier. « Pas de chance », mal dit : pourquoi ?... Et alors j'ai carrément honte de mes cinq coups de crayon vengeurs destinés à faire disparaître de ma vue cette expression si choquante ! « Monter le coup... » Le voilà bien le rejet absolu de la langue parlée. Vulgaire !... Pauvre saucisse ! — Qu'est-ce qu'il y a de vulgaire dans une expression dont tout le monde se sert ? Ce que je rayais si rageusement c'est une expression que mon père, en particulier, utilisait tout le temps. Au nom de quoi ? Au nom du mythe ! D'un mensonge que l'on m'avait fait avaler et dont je me faisais le zélé propagateur.

Le plus raide c'est que la gamine employait là une locution juste, avec beaucoup d'à-propos — ainsi que l'orthographe précise : monter le *coup,* et non le *cou.* Il s'agissait bien d'un *coup monté,* au sens où l'emploient Balzac et quelques douzaines des meilleurs écrivains français à sa suite. Sartre : « Il se dit qu'on lui a monté le coup... » Elle l'emploie au sens exact d'origine : préparer une petite ruse, combiner un traquenard pour duper quelqu'un afin d'en tirer profit — monter un coup, quoi. Oh, c'est entendu, l'expression a pris naissance dans le langage des voleurs au XVIIIe siècle, puis a été reprise par les marchands au XIXe, avant de passer dans la langue de tout le monde. Et puis après ?... C'est vrai aussi que je ne savais pas tout ça en 1960, que la paramiologie [1] que je pratique depuis des années m'en a appris des vertes et des pas mûres. J'ai des fichiers là-dessus à présent, il me suffit de tirer un rectangle de bristol et tout l'historique de *monter le coup* s'étale sous mon œil, citations comprises. Il entre dans l'exercice de la correction de copies énormément d'ignorance... J'ai rayé, dans le même paquet, et dans le même mouvement de sotte prétention, *des tas d'inconvénients,* pour le remplacer dans la marge par un « non ! *de nombreux* inconvénients » souligné par ma main pressée de jeune cuistre. Parce que *des tas* était aussi un mot courant de mon papa — décidément c'est lui que je corrigeais ! Que je mettais interdit d'école !... Littré, par contre, ne récusait nullement *des tas,* qui est du français on ne peut plus classique, de Malherbe à Boileau, à Rousseau, des tas d'exemples à l'appui... Ah que de zèle ! — Mes élèves auraient tout de même pu me mettre sous le nez *le Petit Prince,* que je leur faisais lire précisément au même moment : « J'ai ainsi eu, au cours de ma vie, des tas de contacts avec des tas de gens sérieux. » Pour voir si je rayais aussi Saint-Ex ! — Car c'est ça l'os : la langue scolaire n'est pas parlée, mais elle n'est pas littéraire non plus. C'est un total artifice inventé de toutes pièces par les pédagogues.

Geneviève, qui est allée rechercher le paquet de copies dans son grenier, dirige aujourd'hui l'école maternelle du même lieu. Elle a profité de l'occasion pour relire sa prose, et m'a tendu le paquet en disant : « Mon Dieu, que c'était bête ! Mais comment on pouvait écrire des imbécillités pareilles — j'en ai honte ! » Elle a raison, c'était tout à fait imbécile. L'ennui c'est que je me sens un peu responsable de sa déconvenue... J'étais adulte, je n'avais qu'à juger cette

---

1. Étude des mots et locutions dans leur contexte sociologique et historique.

langue de bois prétentieuse dans laquelle je les obligeais, elle
et les autres, à raconter leurs petites histoires. — C'est vrai
que ça fait un drôle d'effet de plonger dans son enfance, d'y
chercher d'un œil un peu ému un témoignage de soi, et de
tomber sur ces singeries. « Mon père, encore enfant... » A y
regarder de près ça a des allures d'escroquerie. Car au lieu de
cette non-expression totale, ç'aurait pu être des historiettes
qui seraient touchantes à relire, des impressions sincères,
futées, peut-être naïves, mais personnelles. C'est étonnant ce
paquet de petits textes qui ne disent si absolument rien, ni sur
soi, ni sur les autres... Qui ne font que provoquer un malaise,
si longtemps après. J'avoue que je me sens très sincèrement
gêné vis-à-vis de ces gens que j'ai bernés en quelque sorte, à
qui j'ai volé un coin d'enfance — peut-être beaucoup plus.
Du coup je comprends mieux pourquoi cette gamine si
franche, directe, pleine d'humour, expansive au demeurant,
et brillante dans toutes les autres matières, ait eu cette
sécheresse « inexplicable » en rédaction !...

Bon — ce n'est pas tout à fait normal que le maître et
l'élève aient tous les deux honte de leur travail, même un
quart de siècle plus tard. Ça fait tout de même un gros
malentendu — et une accusation de belle taille.

DEUXIÈME PARTIE

État des lieux

6

Toute la langue

DUNETON : Il existe un phénomène d'ignorance sur les faits de la langue elle-même. Les profs ont reçu une formation qui porte sur des considérations philosophiques, ou dites « littéraires » : le romantisme, le naturalisme, etc. La mise en étiquettes. Le Misanthrope est-il vraiment misanthrope, ou pas ? Et Célimène ? Ah celle-là alors, ma bonne dame ! Qu'elle est coquette, dis !... Qu'est-ce qu'on en a à foutre de ce fatras qui tient davantage du ragot que du « littéraire » — qui occupe le terrain, qui cache la forêt, qui fait écran de fumée —, en fin de compte qui empêche les gens de se cultiver... Un diplômé en lettres, à l'exception près, a peu d'instruction sur ce qu'est la langue française prise dans son entier. Il a souvent une bonne connaissance de tel ou tel auteur, qu'il soit contemporain ou classique — il a une connaissance parfois érudite, mais « en plaques », et presque aucune conception d'ensemble quant à la langue d'hier, ni à celle d'aujourd'hui, qui est un mélange — assez harmonieux à mon avis — de différents courants, de différentes strates. Ce qui fait dire à Jacques Cellard : « Le français se porte bien. » Je le crois aussi. Il se porte beaucoup mieux qu'il y a dix ans — il y a eu un courant d'air frais, une injection très vivifiante de vernaculaire dans l'écrit au cours des années 70. Les journaux sont devenus plus vifs, mieux « écrits », plus détendus... Mais nom de Dieu, qu'on en informe les enseignants !

... on peut avancer que *le français* se porte très bien : que sa capacité à répondre aux besoins de la communication dans cette fin du XXe siècle, et dans un pays techniquement avancé, est restée très grande ; plus grande peut-être qu'à aucun moment de son histoire. Mais que *les Français* savent de moins en moins utiliser cette capacité, se servir de l'outil. Ou, pour raffiner l'analyse, que de plus en plus de jeunes Français sont de moins en moins capables d'obtenir de notre langue un rendement satisfaisant. [...] il n'y a pas un problème du français, mais des Français à l'égard du français. La langue est en excellent état de marche. Mais les mécaniciens, et en premier lieu les enseignants, ne savent plus la faire marcher ni montrer à la faire marcher[1].

Il y a eu le même brassage sur le plan de la langue que sur le plan des classes sociales. En 1910, quelqu'un qui apparte- nait à une profession libérale, disons, avait une langue qui ne se recoupait pas du tout avec celle d'un ouvrier. Cette personne avait aussi des habitudes de toilette, de repas, de loisirs, de tout — un style de vie que n'avait pas l'ouvrier. Ni le paysan, ni l'artisan, bien entendu... Ils ne voyaient pas les mêmes choses, ils habitaient des lieux extrêmement dissem- blables, non seulement dans l'architecture mais dans la nature du mobilier, ils ne se déplaçaient pas de la même façon : l'un à pied ou en charrette, l'autre en voiture — le train commençait à leur être commun, mais dans des wagons dont on n'imagine plus l'énorme disparité. Ces deux per- sonnes ne mangeaient pas les mêmes plats ! Ils ne s'habil- laient pas de la même manière, ni dans les tissus, ni dans le type de vêtements... Enfin, ils ne parlaient pas du tout de la même façon. Mais radicalement pas ! Un pharmacien, par exemple, parlait comme un livre, il en était fier et faisait tous ses efforts pour. Un ouvrier... parlait selon la géographie — à Paris, il avait ses mots et sa phonologie à lui, qui différaient

---

1. Jacques Cellard, « En remuant le derrière », *le Monde-Dimanche*, mai 1983.

de ceux des autres grandes villes comme Lyon ou Marseille ou Lille, ailleurs il parlait carrément une autre langue que le français, donc aucun recoupement possible. Je prends un exemple : dans les tranchées de 14-18, les soldats appelaient leur sous-officier le *pied*. Pourquoi ? En fait ils lui donnaient la même appellation qu'au contremaître : le *pied-de-banc...* Celui qui est assis au bout du banc, dans les anciens ateliers, au bout de l'établi, donc sur le pied. C'était un terme absolument courant du langage ouvrier, parisien surtout, du XIXᵉ siècle. Un mot commun à toute une classe sociale. Le *pied-de-banc,* ou *pied,* était donc devenu naturellement le nom du sergent, puis des autres sous-officiers... Eh bien, le linguiste Sainéan, pourtant spécialiste de la « langue populaire », ne sait pas en 1915 pourquoi on appelle le sous-off le *pied...* Il se pose la question. Il appartient totalement à un autre monde.

En 1980, ces deux mêmes bonshommes n'ont certes pas la même vie, mais si l'on reprend les termes des différences, les écarts se sont réduits dans des proportions fantastiques. Déjà dans l'habillement c'est pas évident : ils peuvent tous deux se trouver en jeans au même moment — à la limite ils peuvent avoir la même bagnole. Ça n'a rien à voir avec la redingote et le chapeau haut de forme d'un côté, le veston et la casquette de l'autre, la limousine ou le tilbury, et la marche à pied ! Aujourd'hui leur langage a certainement des clivages, d'ordre fonctionnel en particulier, mais il n'y a plus, sur le plan de la langue usuelle, cette distance fabuleuse qu'il y avait en 1910 — à moins, bien évidemment, que l'ouvrier soit un émigré, ce qui repose le problème, mais hors du français.

Dans ces mondes complètement séparés de 1910, on pouvait donc décider sur un plan politique, même pas déguisé en fait culturel, que l'école choisissait une fois pour toutes d'admettre le langage de la bourgeoisie, et pas du tout celui des ouvriers. Il en était d'autant moins question que le langage ouvrier, du moins le parisien, était celui de la presse anarchiste, avait des relents de la Commune de 70, et n'était pas du tout en odeur de messe dans la bourgeoisie libérale au pouvoir !... Bien, mais aujourd'hui tout ça ne veut plus rien dire. Justement à cause du nivellement, en grande partie opéré par l'école, ce qui avait un sens précis en 1910 n'en a plus aucun. Le rejet de la langue parlée est devenu, en cette fin du xxe siècle, de la sottise pure et simple. On tourne complètement à vide. Nous ne pouvons pas continuer à prendre des vessies pour des lanternes — et le siècle des Lumières comme référence mythique !

Je ne vois pas comment on peut décoincer la machine, de façon concrète, si l'Université ne la décoince pas elle-même. Alors il n'y a plus qu'à tirer l'échelle. On va vers une langue qui ne sera plus transmissible. — C'est déjà difficile dans n'importe quel groupe humain de transmettre bien sa langue à ses descendants... C'est un problème. Ce qui est sûr, c'est qu'en France le problème est considérablement aggravé. On transmet une oralité hyperréduite : bof, ouais, quoi... Mais de moins en moins la langue dans sa complexité. A mon avis on va vers rien... Que quelqu'un qui a le bac par exemple ne sache pas écrire en français ! Ce n'est pas une question de laxisme d'examen, c'est la preuve que la machine est profondément inadaptée et que l'analyse qui est faite plus haut est rigoureusement exacte, malheureusement. Je suis d'accord avec l'indignation générale de bon sens de M. Toulemonde : « Il est depuis l'âge de six ans sur les bancs d'une école, et il n'est pas foutu d'écrire une page qui tienne debout ! » Parfois même pas capable d'écrire une lettre à sa famille ! Ça heurte effectivement le sens commun... Ou bien cette langue est d'une difficulté quasiment insurmontable, plus difficile que le chinois pour les Chinois et que toutes les langues du monde — ou bien on s'y prend mal. On s'y prend comme des pieds !

Comme il y a une licence de lettres classiques, à option latin, il serait peut-être temps d'imaginer une licence de lettres à option... langue française. Je veux bien que le latin ait eu une très grande importance dans la formation du français, mais il se trouve qu'entre le XVIIIᵉ et le XXᵉ siècle, les différentes formes de français vernaculaires ont eu une influence énorme, en dépit de tout, sur le français que nous utilisons aujourd'hui, dans la littérature, la presse et en somme la vie courante. Il y a matière à formation spéciale — et sans chômer encore !... S'il faut absolument des références universitaires pour désintimider le monde, eh bien il n'y a qu'à créer un diplôme spécial de langue populaire, obligatoire pour l'enseignement ! C'est même indispensable que l'Université s'en mêle et donne la clef d'une recherche intellectuelle sur ces questions de fond : c'est son rôle absolu.

PAGÈS : Quel serait le contenu de ce diplôme ?

DUNETON : J'y ai jamais réfléchi en détail !... En gros il y aurait un éventail de matières qui assureraient à l'étudiant une réelle et solide connaissance du français d'aujourd'hui. Bien sûr des unités de langue classique — et même affinée par mouvements historiques, plutôt que par siècles —, grammaire et philologie, linguistique, et aussi de la paramiologie. Et puis il y aurait des unités de valeur d'argot, classique et moderne : oui, avec les textes repères depuis les Grandes Compagnies du XVᵉ, les procès célèbres, les écrits des bagnes du XIXᵉ — une étude essentielle pour comprendre le mouvement de la langue actuelle. Évidemment des UV d'ancien français, c'est très important, la base — mais aussi des UV obligatoires soit en langue régionale, soit en dialecte d'oïl, etc. Ce serait très complet. Et il existerait toute une partie pratique d'entraînement à l'écriture à différents niveaux — ça veut dire pas seulement dans le style dissertation-divagation, mais aussi récits journalistiques, théâtre, cinéma, etc. Ça donnerait des profs de français très qualifiés. Il en existe déjà ici et là, au hasard de la formation

personnelle des individus, mais ils sont rarissimes — et la
plupart du temps paralysés par l'incompréhension qui les
entoure. Aujourd'hui, en ce qui concerne le français, on
confie nos enfants à des amateurs même pas éclairés. Ou
éclairés sur tout autre chose que la matière qu'ils sont
chargés d'enseigner. Je crois — peut-être naïvement — que
ce serait un gigantesque pas en avant, sérieux, efficace...
Une étape capitale dans l'établissement d'un enseignement
réellement démocratique. Sans blague. On peut rêver,
non !...

PAGÈS : Pour définir ce nouvel enseignement du français que
tu proposes, on pourrait reprendre une célèbre formule et
dire : « Toute la langue, mais rien que la langue. » Éliminer
le fatras littéraire, comme tu dis, mais présenter *toute* la
langue.

DUNETON : Ça me paraît clair, mon cher Pangloss... D'ailleurs, vois comme la question serait stupide dans d'autres
domaines ! Tu t'imagines demander à un mathématicien s'il
faut enseigner *toute* la mathématique, ou s'il faut en garder
une partie cachée, une mathématique inavouable, sur
laquelle il est mal de réfléchir ?... Existe-t-il une biologie des
abîmes, secrète ? Tellement qu'il faut détourner la tête et se
mettre la main devant les yeux quand on la croise ? « Cachez-
moi ce vaccin que je ne saurais voir !... » On en revient
toujours à Tartuffe, non ? Voilà ce que c'est que d'avoir des
lettres ! — Bien sûr, *toute* la langue. La question ne devrait
même pas se poser. Le fait qu'on puisse se la poser est bien la
preuve d'une mentalité mythique dans laquelle nous sommes
plongés face à la langue. — Mais là encore il y a une
méconnaissance des mécanismes langagiers. Je sais bien, les
gens se posent la question : « Pour quoi faire ? A quoi bon
étudier l'argot ou telle expression populaire ? Ce n'est pas
enrichissant intellectuellement... » Mais bien sûr que si !

C'est aussi intéressant de comprendre le sens d'un mot que l'on emploie et qui circule autour de soi, que la raison pour laquelle le poète Delille était obligé de se farcir quatre alexandrins au lieu d'écrire *orang-outang*! Tiens, je prends l'exemple du mot *vanne* — l'expression *arrête tes vannes!* Simplement parce que je faisais une fiche là-dessus l'autre jour. On peut remonter au début du XIXe siècle où *faire un vannage* était un terme de joueurs : faire d'abord gagner celui qu'on veut dépouiller, pour l'allécher, afin qu'il joue plus gros, qu'il prenne goût. Bon, probablement l'image de *vanner*, nettoyer les grains en les passant au *van*. Le grain ainsi « préparé », on peut ensuite le moudre, en tirer la farine : le profit. Vers la fin du XIXe, *faire une vanne*, ou *un vanne*, était devenu une expression de camelots : vendre un journal qui annonce une fausse nouvelle à sensation... Le sens actuel semble venir de là : le mot ayant fini par désigner tout ce qui est faux. Par extension, des sottises, des taquineries, des insultes... Bon, c'est la vie d'un mot. Je le prends parce que les mômes l'utilisent couramment aujourd'hui. Il est aussi justifié d'éclairer la langue de cette manière que de faire croire à de pauvres gosses qu'on ne *doit* pas dire *par contre*, non? De quel côté est l'imposture?... Et on peut affiner, suivre le cheminement dans les couches sociales, se demander pourquoi et comment un mot tel que *vanne*, longtemps « caché », est venu au grand jour ces dix dernières années? Faire de l'histoire... Le linguiste observe la langue sans préjugés, c'est cette attitude-là que doit avoir un prof de français. Il doit s'occuper des faits de langue, les présenter et les expliquer... Un jour je suis allé discuter avec des profs de français en lycée technique, un type m'a dit : « Quand mes élèves parlent verlan, je fais surtout semblant de ne pas comprendre. » — Pourquoi? Le verlan, historiquement, ça les intéresserait sûrement... Le largonji aussi! Le louché-bem... Ce sont des mouvements de langue qui ont eu leur importance dans le monde ouvrier du XIXe siècle, je ne vois

pas pourquoi on priverait des futurs ouvriers d'aujourd'hui
de le savoir. C'est même un très mauvais service à leur
rendre que de les tenir dans l'ignorance ! Et c'est là que la
compétence du prof de langue est précisément très importante. Pourquoi il ne rendrait pas compte de *godasse* — terme
militaire, altération au XIXe de *Godillot*, nom d'un fabricant
de brodequins pour l'armée — qui du reste est dans le
dictionnaire, alors qu'énormément de petits enfants, m'a-
t-on assuré, ne connaissent que ce mot-là pour désigner des
chaussures quand ils sont à la maternelle...

PAGÈS : Ça va toujours dans le même sens pour toi : la
pulsion du gosse découvrirait comme une terre promise
l'argot ou la langue qu'on parle chez lui. Mais qu'est-ce que
tu fais de la tendance exactement inverse, à savoir que le
môme, son problème n'est pas de retrouver le langage de sa
famille, mais d'accéder à un autre langage... Parce que,
quand on ne sait dire que *godasse,* on aimerait peut-être
apprendre *chaussure.*

DUNETON : Mais c'est là qu'est l'ENNNOORME confusion ! ! !...
La confusion totale et foudroyante ! Ce n'est justement que
dans la mesure où on lui accepte *godasse* que le gosse voudra
bien apprendre et enregistrer et utiliser *chaussure.* C'est la
seule manière de sortir de la contrainte : d'accepter *godasse,*
pompe et *tatane* s'il y a lieu, pour qu'il enregistre *escarpin,*
bottine, babouche et *cothurne* même ! J'ai dit *toute* la langue.
L'enseignant doit considérer la langue dans son entier si l'on
veut que se produise le phénomène de boule de neige qui va
lui faire acquérir des structures et un vocabulaire copieux,
riche et précis. C'est bien là justement la source de l'ineffica-
cité des méthodes actuelles, de la stérilité de cet enseignement qui menace les enfants de bêtise avancée. Ce sont des
êtres vivants, il leur faut une langue vivante, et pas une série
abstraite d'exercices scolaires... Le travail consiste à acquérir

la plus grande variété, la plus grande souplesse... Et puis il ne faut pas non plus qu'il y ait d'erreur, ce n'est pas parce que le gamin est dans un milieu misérable de sous-prolétariat qu'il connaît le mot *godasse,* c'est un mot qui est employé dans des milieux de fort bon ton. Aujourd'hui l'école refuse tous azimuts, pas seulement le langage ouvrier comme au début du siècle. Elle refuse tout, en bloc, ce qui est vernaculaire, sans souci de classe sociale ou de raison. On est en pleine folie douce... Ce que j'appelle travail de français, c'est jongler aussi avec la langue recherchée, ou précieuse même, et aussi avec la langue scientifique. C'est ça être ouvert sur la vie... C'est pas forcément avoir des grandes fenêtres sur la rue ou sur les champs de maïs, parce que ce travail-là, il peut très bien se faire dans un endroit clos, derrière des gros murs épais, dans un beau silence... C'est ça qui va donner aux gens, en dernier ressort, la possibilité de s'exprimer, et donc de se défendre, si besoin est. — Le jour où j'ai parlé avec un groupe d'enseignants en formation pour être profs de français en LEP, j'ai été assez étonné. Par cet argument-là, justement... Ce sont des gens qui sont confrontés à ce qu'on appelle « les réalités les plus dures », c'est-à-dire à un public de jeunes gens le plus éloigné qui soit de la langue scolaire conventionnelle. Un public qui est là précisément en apprentissage technique parce qu'il a préalablement refusé la langue scolaire. En d'autres termes des mômes qui nagent dans le vernaculaire le plus entier, voire le plus cru — et qui n'ont que ça à leur disposition. Dans le cas d'élèves de la banlieue parisienne, où nous nous trouvions, c'est un mélange d'argot, de sabir arabe, etc. Ce sont des vernaculairissimes, ces clients-là !... Donc je me disais que des enseignants de français dans ces latitudes devaient avoir la réflexion la plus riche, par la force des choses, et la formation la plus solide. Ce devait être de vrais profs de langue. — Eh bien pas du tout ! Tu sais en quoi consistait leur formation ?... Ils faisaient de la pédagogie ! Parole d'honneur ! — Je me souviens d'un type, une trentaine d'années à peu près, tout à fait remarquable : chaleureux, fonceur, intelligent, dix ans d'expérience derrière lui à enseigner dans les Centres d'apprentissage (devenus des LEP)... Il me parlait de son projet. Ils concoctaient des « projets », c'était ça leur formation ! Bref il m'expliquait qu'il allait lancer un journal de classe. Il prévoyait les détails, l'imprimerie, tout, un petit canard qui allait motiver les mômes, leur permettre de s'exprimer. Bonne idée. Très bien... Je lui dis — la seule question qui m'intéressait : « Et il sera en quelle langue, le journal ? » — Il comprenait pas. « Oui, tes gars, dans quelle langue ils vont le rédiger leur canard ? En français d'école, en français journalistique... en verlan, en quoi ? » (C'était celui qui faisait semblant de pas comprendre le verlan.) Il me regardait, il avait jamais pensé à ça. Ils pensaient à tout — en pleine pédagogite jusqu'au cou dans leur turne — sauf à la langue !... J'étais un peu estomaqué, je n'osais plus rien dire. Ça faisait comme un malentendu entre nous. On a un peu discuté, ils étaient tous d'une naïveté en ce qui concerne l'objet même de leur enseignement — renversant.

Parce que ça signifiait quoi cet étonnement ? Eh bien que le journal serait rédigé en petites phrases scolaires laborieuses — qui ne diraient rien à personne, vraiment, et qui raseraient prodigieusement ses apprentis, pas dupes de la supercherie. Ils ne risquaient pas de faire plus de progrès dans l'acquisition d'une langue avec son journal, malgré tout son courage et son dévouement à lui, et sa générosité, qu'avec les rédactions les plus crottées auxquelles ils avaient échappé dans la semaine — à toutes jambes ! Ils n'auraient pas davantage de chance de s'instruire, ni de se défendre plus tard — ce qui était, avec raison, son propos, non pas d'en faire des « écrivains » —, parce qu'il n'aurait pas su mettre en route la boule de neige, avec toute sa débauche de trucs pédagogiques... Cela voulait dire que ces profs adultes et aguerris — ils étaient une quinzaine — avaient analysé bien

des fonctionnements et s'étaient fait des opinions pertinentes
certainement sur des tas de choses : ils fonctionnaient
complètement sur un mythe. Les fées !... Les fées aux
ateliers ! Carabosse : « Tu donneras de la peine... » Féerie
pour une autre fois. — Ça signifie que les gens les plus
astucieux sont piégés par des mentalités fermées dont il leur
est pratiquement impossible de s'évader — et que l'institution étant elle-même piégée, elle ne peut rien faire pour aider
quiconque. Au contraire, à bout d'arguments, elle envoie les
gens sur les sables mouvants — la fausse piste par excellence : la pédagogie.

7

Les aventures
de M. Pois-Chiche

DUNETON : A partir du moment où l'on se pose la question :
quelle langue enseigner ? on est obligé de tenir compte,
aussi, de ce qui paraît être un refus· grandissant chez
l'individu occidental de la fin du XXe siècle : s'exprimer dans
une langue très logique, très précisément articulée. Le besoin
de précision n'est plus aussi impérieux, dans la langue. Le
besoin de précision a investi abondamment d'autres
domaines : les mathématiques, la physique, la biologie,
l'économie... J'en passe. L'informatique, surtout ! Le jeune
homme qui est nourri de maths et physique n'éprouve pas du
tout la même urgence à s'exprimer longuement, avec tous les
enchaînements logiques de la pensée, que le même jeune
homme en proie à l'argumentation et à la rhétorique, disons
en 1927. Aujourd'hui c'est la fonction utilitaire, ou bien
carrément poétique, de la langue qui est nécessaire. Dire :
« Passe-moi le sel » ou exprimer l'inexprimable, l'angoisse,
le moi... Il n'y a plus tellement besoin de décrire précisément
quoi que ce soit comme au siècle dernier. La description est
mieux rendue par l'image, le cinéma, la photo. Il y a un flou
nouveau, dans toutes les langues occidentales, je pense.
C'est vrai en français, mais aussi en anglais... Bukowski n'a
pas les enchaînements rigoureux et démonstratifs de Swift —
pour comparer des choses assez peu comparables, mais tout
de même. Ça n'est pas le flou du vocabulaire, c'est plus

général : comme en photo, ça demande un réglage extrêmement fin et délicat... Il s'agit de transmettre de l'émotion...
Un type qui fait de l'électronique toute la journée n'a pas
tellement envie, ensuite, de passer son temps à faire que
toutes les phrases s'encastrent et s'enchaînent, de sorte à tout
expliquer par le menu. Il est peu loquace, ou alors il
raccourcit, il emploie un vocabulaire limité d'efficacité
immédiate... Attention : il a une activité intellectuelle
énorme dans sa journée ! En 1883 — date du coup d'envoi de
l'école publique, incidemment — ce bozo-là aurait été
extrêmement disert : une partie importante de son activité
cérébrale aurait passé dans la langue. Les données sont
toutes différentes. Du reste il emploie de l'anglais codé pour
travailler avec son ordinateur !... De toute façon la discursivité de sa phrase ne lui permettrait pas d'aller aussi loin ;
même avec des phrases extrêmement longues et très organi-
sées, il n'arriverait à exprimer qu'une toute petite partie de
ce qu'exprime son ordinateur. Aussi bien brossée qu'elle
soit, sa phrase a le même rôle qu'une brouette de première
qualité en regard d'un bulldozer qui démolit une colline.
L'électronicien, il va pas passer son temps à peindre, à
fourbir, à graisser sa brouette : sa phrase discursive. Son job
c'est le bull... De quoi va-t-il avoir besoin à présent ce
garçon ? — Eh bien de phrases de loisir, de phrases de jardin.
Davantage de phrases chantées, par exemple, que ne lui
apporte pas la discursivité. De mots chocs, chargés, très
chargés, sur un plan affectif — le plan abstrait étant servi,
merci, par ailleurs. Donc ça va passer par quelque chose de
plus court, évidemment de plus syncopé... Tout cela, je le
crains, tourne le dos à la discursivité venue du latin. Toutes
les langues occidentales ont été, à des degrés divers, remodelées sur le latin — ne serait-ce que par imitation. Ce
bilinguisme historique, latin-langues vernaculaires, dont on a
parlé, est peut-être d'ailleurs pour beaucoup dans l'expansion « rationaliste » du monde occidental à partir du XIIe siè-

cle jusqu'à la fin du XVIIIe... Il y avait donc le latin, dans lequel tout intellectuel réfléchissait — à côté il avait sa langue maternelle pour s'exprimer dans sa vie courante. Un latin très codé, très désinvesti affectivement bien sûr, qui a probablement permis de développer à outrance la conceptualisation. C'est mon avis. Or les langues vernaculaires se sont par la suite remodelées dessus.

PAGÈS : D'autant plus qu'il s'agissait, la plupart du temps, d'un latin assez spécial : le latin de Cicéron — de Pois-Chiche. C'est le sens de « Cicéron » en latin, parce qu'il avait une verrue sur le nez, c'est un surnom. Il était avocat, il plaidait, il faisait de longues phrases, des périodes. Toutes ses phrases sont liées les unes aux autres par des conjonctions. C'est ce qu'on nous apprenait en thème latin : toujours des liaisons d'une phrase à l'autre !

DUNETON : C'est ce français qui commence par *toutefois, néanmoins,* etc. Le langage d'aujourd'hui est dégagé de cette nécessité d'enchaînement. Il fonctionne par juxtapositions, par ruptures. Par exagération d'un tempo — et atténuation, voire escamotage, d'un autre. C'est pas du tout dans la ligne du père Pois-Chiche, ça... Les raccourcis... Ça fait penser à la musique, au cinéma, à la BD. Il faut un exemple...

A l'hôpital, les gens du jour étaient pas encore arrivés et c'était ceux de garde, c'était vraiment cet aspect pont très fragile entre le jour et la nuit... On est rentrés directement dans le service genre premiers soins, dernière urgence et tout ça, et là on a eu un homme... Il lisait ce livre dont il leva les yeux quand on entra et qu'il posa sur le bureau à l'instant où je me mis à parler et je regardais le titre, c'était un recueil de poètes français et comment dire ça m'a ému à cause de la fraternité et j'ai senti que c'était déjà gagné et immédiatement parlé et en plus il y avait Mary dans sa beauté... J'ai dit : « La drogua !... » Il a pigé et j'ai fait le geste de s'injecter soi-même dans l'avant-bras et les autres mots sont

faciles et comme qui dirait internationaux... « Amico...
playa... » que je dis toujours en espagnol et puis... « kilome-
tri » et « morto... » Et il faisait si, si, si et bene et c'est lui-
même qui a parlé d'ambulancia et il a téléphoné... Il a pas dit
un mot en plus ni rien, juste son vrai métier d'homme comme
on attendait et il est parti chercher un infirmier et il est
revenu avec, ils ont parlé et il nous a regardés en faisant bon,
bon, en français... « Voilà, allez avec lui... » Et puis c'est
tout et l'ambulance était dans la cour et comme qui dirait une
vraie mouette toute blanche qui consentirait enfin à ne pas
s'envoler quand vous approchez, on a démarré... Devant il y
avait le chauffeur et l'infirmier, derrière Mary et moi sur de
petits strapontins de part et d'autre de la civière [1]...

Tout ça c'est un tas de raccourcis — une écriture de bande
dessinée, en fait. Il y a là douze images, ni plus ni moins. Ça
saute magnifiquement de l'une à la suivante, chargées de
leurs détails à dessiner... Chez Flaubert, qui était pourtant
économe, cette séquence aurait pris la moitié d'un chapitre [2].

Nous sommes dans une période post-logique. Au XVIIIe siècle, la grande chose était de faire que les gens fussent
raisonnables. C'est là que les Français se sont logé le pois
chiche dans la tête ! Dans la construction des phrases il y
avait un vif besoin d'étalement logique... A la même époque
dans les autres langues de France — les langues d'oïl y
compris — les gens s'exprimaient par accès. Par images
aussi... Mais ils étaient retardataires et traditionalistes. C'est
ça le haro sur les dialectes, à la Révolution : il fallait amener

1. Alain Cahen, *Zig-Zag*, éd. du Seuil, coll. « Points-Virgule », 1983,
p. 143.
2. On dit habituellement que l'image, le cinéma en particulier, a
supprimé les longues descriptions dans la littérature. Relisant ces pages,
mon camarade J.-P. Pagliano me fait remarquer que c'est là un phénomène qui n'est ni absolu ni forcément définitif ; il me cite Marguerite
Duras, qui fait des descriptions écrites et des descriptions filmées. Dans un
même ordre d'idées, la photo devait « libérer la peinture de la fonction de
représentation » : ça a été vrai pendant un temps. Puis les peintres se sont
mis à réintégrer la représentation dans leurs œuvres, au point qu'ils
utilisent la photographie elle-même !

les gens à cette langue française qui avait fini par avancer pas à pas, et où le cheminement de la pensée était toujours présent — donc contrôlable. C'est de ça que se félicite expressément Rivarol : « Ce qui distingue notre langue des langues anciennes et modernes, c'est l'ordre et la construction de la phrase. [...] Or cet ordre [direct], si favorable, si nécessaire au raisonnement, est presque toujours contraire aux sensations, qui nomment le premier objet qui frappe le premier. »

Cette logique-là, aujourd'hui, elle est censée exister par ailleurs, donc on peut s'en passer, à nouveau, dans la langue... C'est ce que je veux dire en disant qu'on est dans une période « post-logique ». — Prends la bande dessinée : elle ne serait pas lisible par quelqu'un du XIXe siècle. Il ne verrait pas le rapport entre les images. Le rapport est implicite... Au cinéma également. Il y a eu le cinéma d'avant-guerre, puis sont arrivés des gens comme Godard qui ont entièrement changé la grammaire. Un ami, Gérard Guérin, cinéaste, avec qui j'ai un peu travaillé à une époque, me disait : « Tu filmes un type qui est en train de travailler dans son bureau... Dans le cinéma d'avant-guerre, si tu voulais le prendre ensuite dans la rue, il fallait que le spectateur voie le type se lever, prendre son pardessus, son chapeau, et ouvrir la porte. Au moins... Et finalement sortir dans la rue. Il fallait des plans de transition, sinon les spectateurs n'auraient pas compris qu'il sortait, ils auraient dit : mais où il est ? Aujourd'hui tu prends le bonhomme dans son bureau, le plan suivant : il est en train de marcher dans la rue, ça ne gêne plus personne. Tu peux même enchaîner avec un plan où on le voit à poil assis sur une plage ! Il travaillait : il est en vacances... En 1938, les gens n'auraient pas suivi du tout, ils auraient cru que c'était un gag, ou que le personnage avait le don d'ubiquité. »

Effectivement, sans chercher 1938, quand j'ai vu, moi, *Pierrot le fou,* de Godard, en 1966, ça m'a paru très beau,

mais j'ai rien compris... Je me souviens très bien, c'était dans
un cinéma de Brive, un soir, j'essayais de m'imprégner de
cette histoire de fous — et j'étais sous le charme... Je ne
saisissais rien de ce qui se passait dans le détail : ils étaient
tantôt là, tantôt ailleurs, Belmondo et la fille... C'était
Pierrot « le fou », en effet, totalement louf... Mais je
trouvais ça génial ! Le message passait au-delà de la raison,
quoi... J'en ai gardé très longtemps une impression forte. —
Faut dire que c'était les années 60, et qu'on croyait toujours
que c'était demain la veille... La veille de quoi, on savait pas,
mais on était sur le point de... Il se passait quelque chose, un
remous social, en pleine expansion... Nouvelle musique,
modes, goûts, on se sentait près de passer dans une nouvelle
étape. Ce furent des sortes d'« années folles »... Bref, il y
avait en tout un nouveau langage. — J'ai revu *Pierrot le fou*
dix ans après exactement. C'était dans le ciné-club d'un
lycée, à Paris. La surprise : tout m'était limpide... Pas
un plan dont je ne voyais pas ce qu'il venait faire. Le film m'a
paru extrêmement sage ! Sans blague. Je ne comprenais plus
pourquoi j'avais trouvé ça difficile. Je ne voyais pas ce que je
n'avais pas saisi la première fois... C'était simplement mon
mode de perception qui avait évolué en dix ans. J'avais
acquis une nouvelle culture entre-temps, au sens propre : des
habitudes mentales complètement neuves. On comprend que
beaucoup de gens se soient trouvés largués... C'est pas
nécessairement de la sottise, c'est une question d'être
branché ou pas. — Au début de la télé, c'étaient pourtant des
vieux films qui passaient, mais énormément de gens ne
comprenaient pas. Les gens âgés, qui n'étaient jamais ou très
rarement allés au cinéma dans leur vie ? Ils comprenaient que
dalle ! Mon père, qui frôlait les quatre-vingts ans quand il
s'est payé la télé, il regardait les nouvelles mais il ne suivait
pas les films. En fait, lui qui était un grand lecteur, à
l'ancienne, il avait du mal à saisir une histoire filmée. Il savait
jamais où étaient les personnages, et qu'est-ce qu'ils faisaient

à présent ? Il fallait lui faire des résumés en cours de route. Mais ça l'agaçait, il s'en allait, ou il s'endormait. Ou il reparlait de *la Ruée vers l'or,* avec Charlot, que ça, par exemple, c'était un film !

Il y a eu aussi des raccourcis dans la langue, c'est évident. La langue à période du xviiie siècle serait mal adaptée à traduire la réalité contemporaine.

Les femmes mortes

Voici tout d'abord un court extrait d'un texte de Cavanna ; il s'agit de la mort de Liliane, dans *Bête et Méchant*[1], quelques phrases qui illustrent tout à fait le sens du raccourci que le récit a pris de nos jours dans une écriture alerte et efficace :

— Vous pourrez la voir cet après-midi, à la morgue de l'hôpital. A la morgue. C'était tout simple. Les morts à la morgue. Il y a des mots qui mettent les choses en place. La morgue a soudain rendu vrai le cauchemar. Solide. Technique. A trois dimensions. Quand on dit « la morgue », l'heure du doute est passée. Je n'ai plus douté. J'ai accepté. J'ai lâché mon bout de planche et j'ai coulé à pic.

Voici à présent — que chacun me pardonne — ce même court récit refait par mes soins dans une langue discursive qui explicite toutes les articulations ; une sorte de « style 1938 », et même beaucoup plus tardif, qu'aurait pu avoir un écrivain conventionnel, et qui représente encore l'écriture « littéraire » pour énormément de gens :

— Vous pourrez la voir cet après-midi, à la morgue de l'hôpital. Elle était donc à la morgue ! Pour l'infirmier, la situation était toute simple : les morts sont en effet habituellement placés à la morgue. Cependant, la réponse de l'homme, par sa logique même, et sa banalité, ce mot affreux qu'il employait avec naturel et sans émotion apparente, me firent soudain mesurer l'étendue exacte de mon malheur. L'atroce réalité m'apparaissait tout à coup dans toute l'horreur d'un cauchemar qui deviendrait vrai, qui se mettrait à peser de tout son poids terrifiant, les images étant devenues palpables et comme à trois dimensions. Quand on dit « la morgue », l'heure du doute est passée. Je n'ai plus douté. J'ai accepté l'idée de sa mort. Tel un naufragé qui s'accrochait désespérément à un bout de planche pour ne pas sombrer et qui, pris d'une immense

1. Belfond, 1983, p. 76.

lassitude, desserre son étreinte, j'ai lâché prise, et je me suis senti couler à pic dans les abîmes d'un océan de détresse.

A l'inverse, voici maintenant un désespoir beaucoup plus ancien, que je me suis permis de traduire dans une langue beaucoup plus actuelle, mais sans caricature ; un récit tel qu'on peut en lire par exemple dans un roman policier de qualité moyenne :

La nuit on est restés là, bien tranquilles. Ça allait... Manon avait l'air de dormir ; j'osais à peine respirer. Surtout ne pas la réveiller... Au point du jour ses mains étaient toutes froides, et tremblantes. Je les ai posées doucement contre ma poitrine pour les réchauffer. Elle se rendait compte — elle essayait d'agripper mes mains à moi, péniblement, et elle m'a dit d'une voix faible qu'elle croyait qu'elle allait mourir.
— Mais non ! Dis pas de bêtises, Manon !... C'est qu'un moment de faiblesse. Dors. Il va faire jour, mon amour... Repose-toi.
Mais elle avait des grands soupirs, de plus en plus rapprochés.
Je lui disais à voix basse :
— Ça va ?...
Elle me répondait plus. Elle serrait un peu mes mains, à peine... Alors j'ai commencé à comprendre qu'elle était au bout du rouleau. Voilà. Et elle est morte. Elle a plus bougé. Elle a ouvert les yeux, elle a voulu dire « je t'aime »... C'était fini. Excusez-moi mais c'est trop dur. Vous savez tout. J'ai plus la force de continuer.

L'original de ce bref épisode, c'était, bien sûr, publiée en 1753, la mort de Manon Lescaut, décrite par l'abbé Prévost dans une langue du reste fort sobre, mais qui comporte toute l'ampleur voulue par le style XVIIIe siècle :

Nous avions passé tranquillement une partie de la nuit. Je croyais ma chère maîtresse endormie et je n'osais pousser le moindre souffle, dans la crainte de troubler son sommeil. Je m'aperçus, dès le point du jour, en touchant ses mains, qu'elle les avait froides et tremblantes. Je les approchai de mon sein pour les échauffer. Elle sentit ce mouvement, et, faisant un effort pour saisir les miennes, elle me dit d'une voix faible qu'elle se croyait à sa dernière heure. Je ne pris d'abord ce discours que pour un langage ordinaire dans l'infortune, et je n'y répondis que par les tendres consolations de l'amour. Mais ses soupirs fréquents, son silence à mes interrogations, le serrement de ses mains, dans lesquelles elle continuait de tenir les miennes, me firent connaître que la fin de ses malheurs approchait. N'exigez point de moi que je vous décrive mes sentiments, ni que je vous rapporte ses dernières expressions. Je la perdis ; je reçus d'elle des marques d'amour au moment même qu'elle expirait. C'est tout ce que j'ai la force de vous apprendre de ce fatal et déplorable événement.

A la comparaison « à l'œil » de ces deux derniers textes, j'ajouterai une confrontation qui est due à l'ordinateur d'un ami, lequel établit un coefficient de « lisibilité ». Pour l'établissement de cette donnée on présuppose que les phrases longues, par conséquent complexes, sont plus difficiles à lire que les phrases courtes, et qu'il en est de même pour les mots longs : ceux qui comportent dix lettres ou davantage. Le micro-ordinateur que nous avons utilisé prend donc en compte, d'une part la proportion des mots longs dans un texte, d'autre part le nombre de phrases du texte par rapport au total des mots. Le chiffre obtenu indique une faible lisibilité s'il est élevé (aux environs de 30 pour un texte philosophique particulièrement élaboré), et une très grande lisibilité s'il est très petit (2 ou 3 pour des textes élémentaires, par exemple dans certaines bandes dessinées).

Ici, dans la version de référence, le texte de l'abbé Prévost qui comporte 14 mots longs et 10 phrases pour un total de 184 mots, on obtient un indice de lisibilité de 10, que l'on peut qualifier de moyen.

Par contre, la « traduction » établie par nos soins, qui est d'une longueur sensiblement égale, comporte 9 mots longs, mais 27 phrases pour 175 mots. L'indice de lisibilité est alors de 4, ce qui indique, d'après ces critères très matériels et donc très neutres, une « lisibilité » particulièrement grande.

C'est là une autre indication des tendances entre une expression d'aujourd'hui et l'écriture plus discursive influencée par la phrase latine qui était la règle autrefois. Évidemment, pour être significative, une telle comparaison ne doit porter que sur des textes de même nature puisque dans l'état actuel du programme l'ordinateur ne prend pas en compte des éléments importants comme le caractère abstrait ou concret des mots, la proportion des formes verbales par rapport aux substantifs et aux adjectifs, etc.

Le même traitement appliqué au texte de Cavanna et à sa « translation » donne respectivement des indices de 3 et de 9.

8

Entre chair et chanson

Gall, amant de la reine, alla, tour magnanime
Galamment de l'arène à la tour Magne à Nîmes [1].

Je suis sûr que le plaisir est indispensable dans l'apprentissage d'une langue. Je suis convaincu qu'il faut se marrer, qu'il faut se faire des frissons, d'une façon ou d'une autre et chacun les siens... Ça peut être le plaisir de la difficulté ! Se farcir toutes les déclinaisons russes, par exemple — quel pied ! C'est vrai, j'en parlais avec une amie, de ce plaisir fabuleux qu'il y a à faire du russe, que j'ai éprouvé aussi à une époque, et dont Cavanna parle longuement... Ça débute ainsi une langue : déjà sur la ligne de départ, c'est plein de chatouilles. L'autre fois je regardais ma petite filleule, qui s'appelle Marie, essayer ses premiers mots à quatorze mois. On s'aperçoit que c'est toute une histoire pour le bébé ! Dans la mesure où il y a de l'entourage, des parents qui s'occupent de lui, il communique rien qu'avec du babil. Et il le sait ! Il en joue. Les premiers mots qu'il dit, ça devient un succès tout de suite. On lui demande de répéter... Il répète, encore plus fort ! Il comprend pas pourquoi, mais il voit tout le monde se tordre... Il fait un tabac à chaque mot ! Il est le centre parfait

---

1. Déconnante (techniquement un *holorime*) attribuée à Victor Hugo. Cité par Marina Yaguello dans son ouvrage épatant, *Alice au pays du langage*, Seuil, 1981.

de la petite réunion. Il le sent, cabotin et tout. Il est rayonnant, ses yeux pétillent chaque fois qu'il en place une !... Chaque enfant, en principe, passe par ce stade-là. C'est ce qui l'incite à apprendre la langue, à mon avis — le plaisir. Pour sa maman, c'est une caresse supplémentaire. On tombe (ou on monte, quelle idée !) dans l'érotisme... Proférer des mots c'est une façon de se chatouiller. Quand il commence à dire « maman », ça provoque chez elle une telle poussée d'émotion ! C'est un tremblement de terre qu'il déclenche, au début, le chérubin. La maman fait des grandes bises, c'est merveilleux ! Il y a un très vif plaisir. Physique. Réciproque, parce que c'est une telle attente que son gamin dise ses premiers mots, qu'on le comprenne, qu'il existe deux fois plus... Et lui se sent exister à cette mesure. Bref, en proférant ses gazouillis mal articulés, le môme communique d'une façon extrêmement intense. Le langage se monte comme ça chez l'enfant. Et plus il devient disert, plus c'est gratifiant pour lui. Pour les parents, s'il est précoce, s'il parle bien, c'est un signe d'intelligence. On le regarde comme un petit être prometteur, intelligent. On peut espérer qu'il sera une sorte de génie... Le petit bout d'être se sent regardé comme intelligent et prometteur, donc il fait de son mieux — s'il n'y a pas trop de brouillage sur la ligne, bien sûr, si l'atmosphère n'est pas à la névrose. Et même dans ce cas-là il peut y avoir une réaction de fuite en avant, d'appropriation du langage comme un moyen d'échapper à l'angoisse. Ça arrive... C'est une banalité de dire qu'il se joue beaucoup de choses à ce moment-là de la petite enfance. Mais toujours en « jouant » ! A mon avis la qualité de l'attente, le regard même que portent les parents, l'ensemble de l'entourage influent énormément. La conscience du langage et le propre niveau de jeu que peut avoir la mère sont peut-être déterminants. C'est là que se transmet, plus qu'un ensemble de mots, une attitude fondamentale qui enclenche la reproduction d'un certain type de langue — ce qui expliquerait, à ce stade crucial, l'éveil plus grand dans les milieux sociaux plus « intellectualisés » où forcément l' « appel langagier » est le plus fort. Le bébé investit dans le jeu du langage ou non selon l'effet que ça produit, selon l'intensité de la communication qu'il obtient, notamment avec ses parents. S'il tombe sur un terrain sensible, il se branche à vie, sinon, eh bien le voltage sera moindre, donc les chances d'enregistrement futur de la langue seront moins fortes. Je veux dire que c'est peut-être là que naissent ces différences entre les enfants des « milieux ouvriers » disons pour simplifier, et les milieux « culturellement favorisés ». Quelle que soit d'ailleurs la teneur de cette « culture » — un milieu ouvrier parisien « à l'ancienne » par exemple, qui était structuré on peut dire autour de sa langue traditionnelle, dite « verte », ou « argotique », ou ce qu'on veut, et qui *jouissait* véritablement de ce langage, lequel représentait non seulement une identité, mais une force, une puissance réelle dans la vie courante, dans la défense comme dans l'agression, un tel milieu ouvrier, donc, constituait une zone de haute transmission. Le courant passait très fort ! Il existait de la part de l'entourage une attente largement aussi forte que, dans une famille de polytechniciens de père en fils, l'espérance de l'abstraction. On attendait de l'enfant ses premières vannes. S'il montrait quelques dispositions, il sentait une telle écoute, même pas nécessairement « personnalisée », une écoute « dans l'air » quoi, où le mot allait faire des vagues, que la reproduction ne posait aucun problème. Le môme jactait. C'est ce que j'appelle une situation de plaisir... Dans une famille ouvrière actuelle, où tout langage propre a disparu à cause de l'évolution de la société — à la fois la disparition progressive des zones géographiques traditionnelles et la standardisation, l'uniformisation due à l'action scolaire —, cette attente, cette situation de plaisir, de jeu, existent beaucoup moins. Il s'ensuit que les mécanismes ludiques par rapport au langage ne sont pas montés — il s'ensuit probablement à la fois ce manque global, mais surtout ce manque d'aptitude à la langue qui caractérise, sans qu'on sache vraiment pourquoi, les enfants des milieux dits « défavorisés »... Cet érotisme nécessaire expliquerait également que les parents « volontaristes », qui gavent le bébé de mots, de mots... mais sans se marrer, sans joie aucune, échouent dans les grandes largeurs. Il se produit même parfois l'inverse de ce qu'ils souhaitent : ça donne des enfants mutiques ! Oui, tout ce qu'il a éprouvé dans ce fatras de langue déversé sur lui, c'est l'angoisse de ses insupportables gaveurs géniteurs... L'angoisse pédagogique, quoi, qui pourrait se résumer par : « Marrez-vous ou je vous casse la figure ! »

Plus tard, dans la vie, l'apprentissage d'une langue étrangère se passe dans une situation qui est analogue : il y faut du plaisir... Sauf que, la langue étrangère n'étant pas chargée affectivement, ça peut être un plaisir par défaut — si on peut dire. Une façon de soulager les conflits intérieurs, parce qu'on glisse son inconscient dans tout ce vide affectif — ça fait du bien quand ça s'arrête ! En quinze ans d'enseignement de l'anglais j'ai constamment vu que les élèves qui s'intéressaient y trouvaient du plaisir : j'ai jamais rencontré de gosses « bons » en anglais et que ça barbait prodigieusement !... Tous ceux qu'on pourrait qualifier de « doués pour les langues » — il y a des gens qui le sont vraiment, qui ont une faculté de mimétisme surprenante — prennent un très réel plaisir dans cet apprentissage. Cela dès le début... Des parents me disaient que leur gamin parlait anglais au chat, au chien. Il jouait avec tout ça chez lui. D'ailleurs j'ai toujours essayé au début que les premières leçons d'anglais soient des parties de déconnante. Je leur faisais imiter Popeye, enfin produire des sons tordus pas possibles, des cacophonies bruyantes. Oh c'était malin ! C'était pour les désinhiber... Qu'ils s'amusent avec les sons, d'abord. C'était complètement égoïste et intéressé de ma part : je voulais, là aussi, que les mômes bossent en classe, et chez eux avec goût, pour ne pas avoir trop de contrôles à faire, pour ne pas avoir à me taper des copies. Le moins possible. Pour qu'ils bossent d'eux-mêmes... Dame, il fallait qu'ils s'intéressassent, donc : qu'on se marrât !

> *Un à un*
> *les Huns*
> *passent l'Aisne* (Desnos).

PAGÈS : Tu dis que ce qui attire dans une langue étrangère, c'est à la fois qu'elle n'est pas chargée affectivement et qu'elle procure du plaisir ?

DUNETON : Est-ce que c'est une contradiction ça ?... Non. Apprendre une langue étrangère, c'est retrouver un terrain vierge qui n'est pas miné — pas fantasmé d'une façon mauvaise, négative. On reprend tout à zéro, en somme. Avec des mots tout neufs, pas un brin menaçants. C'est ce terrain neuf qui autorise le plaisir... Feu Jacques Lacan — et je confesse que je n'ai guère lu Lacan, mais j'en ai entendu parler —, si je ne me trompe pas, selon Lacan tout l'inconscient n'est que Verbe. D'où l'importance de tout ce qui verbalement clignote : le lapsus, etc. C'est une idée qui me paraît vraie, et importante. Je ne vois pas comment ce serait autre chose. Notre inconscient, c'est pas de la viande ! Il faut bien que ce soit des mots... Non ? Tous ces jeux, ces nœuds, moi et surmoi, il faut bien qu'ils soient situés « quelque part », comme on dit. Alors ? Dans la langue ?... Disons entre chair et... chanson !

> *Chanson sans chair chanson chiche* (Desnos).

La situation mère-enfant que je décrivais, c'est pour la période 15 mois-3 ans, à peu près. Il est rare qu'à ce moment-là l'enfant fasse du russe avec la méthode Assimil. A cet âge-là s'installe l'état fantasmatique qui allie langue et plaisir, voilà ce que je veux dire. Un fantasme n'a pas besoin d'avoir des réalisations pour se conforter... La situation se reproduit toute seule dans le fantasme. Il se monte quelque chose — un processus — que la personne cherche à reproduire par la suite. Elle veut reproduire ce rapport, peut-être très « œdipien », grâce à la nouveauté de la langue étrangère.

PAGÈS : La fuite dans une langue étrangère serait une forme de résolution du complexe œdipien...

DUNETON : Celui-là ou un autre, oui. Ça aiderait à dénouer les « nœuds ». Je le crois. Je l'ai observé sur moi : j'ai plongé à une époque dans l'anglais d'une façon pas du tout catholique — forcément ! Pas naturelle... névrotique, disons le mot. Je l'ai observé chez *tous* mes élèves les plus brillants en anglais, à la ville comme à la campagne, pendant une quinzaine d'années. Je crois pouvoir dire qu'autour de moi, chaque fois que quelqu'un est passionné par une langue étrangère, il y a de l'œdipe dans l'air... Pour simplifier, naturellement. J'ai commencé toute une enquête là-dessus.

> *Donnez-nous, aux joues réduites,*
> *notre pain quotidien.*
> *Part, donnez-nous, de nos œufs foncés*
> *comme nous part donnons*
> *à ceux qui nous ont offensés* (Desnos).

PAGÈS : A propos du jeu, qu'est-ce que tu mets sous ce mot ? Parce qu'on « joue » beaucoup en classe depuis 68. C'est un avatar de la pédagogie, la pédagogie du « jeu »...

DUNETON : Je préférerais qu'on ne parle pas de pédagogie... Je vais te donner deux exemples. Quand je demandais à mes élèves de cinquième d'enregistrer les gens dans la rue, sur le

marché, etc., de retranscrire ça sur le papier et d'en faire un dialogue, c'est un jeu sur lequel ils bossaient comme des fous... Ils y passaient des heures. Apparemment ils trouvaient un plaisir extraordinaire à se faire chier comme des rats à fignoler des textes, parce qu'il y avait un élément ludique profond. Ça les branchait sur une vraie communication. Et ça c'est absolument nécessaire, qu'il y ait une communication, sinon il n'y a pas de plaisir : on est dans une situation « pédagogique » justement, c'est-à-dire malade. Et c'est aussi à cause du plaisir qu'avaient ces mômes-là à s'exprimer — à sortir du nœud affreusement débilitant de la langue scolaire — qu'ils ont aussi corrigé, sans s'en apercevoir, leur orthographe... Ça n'est pas du laxisme. Le vrai jeu, ça peut au contraire être une recherche de soi, même à douze ans. Deuxième cas : « jeu », ça peut vouloir dire les déclinaisons qu'il faut se taper. Ça peut être un plaisir de se farcir toutes les déclinaisons russes dont nous parlions... La difficulté peut parfaitement être une composante du plaisir. Jeu ne veut pas dire glandouille. Les mots croisés, c'est aussi une activité cérébrale intense, à faire baver l'adepte fervent !
— Ce qui est certain, c'est l'absence totale de tout élément ludique dans la langue scolaire. Le sens propre, toujours, le terme le plus abstrait : voilà où réside le blocage. Cette langue-là ne peut provoquer que la haine. Elle n'a aucune chance d'être intégrée, sauf par quelques pervers. Une minorité heureusement... Il en existe. Les gens qui font carrière à écrire des textes débilissimes pour écoliers, par exemple. Ce sont des gens pervers...

Quand je parle de « communication », je ne veux pas dire simplement « échange d'informations ». C'est bien une des marques les plus indigentes de la langue scolaire, justement, que d'être piteusement réduite à la seule production de messages — ce que les linguistes appellent la « fonction référentielle ». « Un homme pêche à côté du chêne », dit le *Daniel et Valérie*. Tu parles d'une information ! Si on s'en

fout de savoir ça, c'est pas croyable ! Et s'il est intimement
frustré, l'enfant qui doit faire semblant de trouver ça
suffisamment intéressant pour qu'il se donne la peine de le
lire... Au bout de quatre ou cinq mois d'école ! S'il doit être
déçu !... Lui à qui on avait fait croire qu'il allait être un
grand, qui discutait déjà le pour et le contre de l'instruction
qu'il allait recevoir. Ben mon salaud ! C'est pour savoir ça
qu'il se farcit le trajet de chez lui à l'école : un homme pêche
près du chêne. C'est ça être adulte ?... Encore heureux qu'il
y ait des copains, dans c'te turne. Et qu'on aille vers l'été ! Il
n'y a peut-être que ça de bien dans la vie scolaire : c'est
qu'on va perpétuellement vers l'été [1]. Je veux dire qu'en
dehors du temps présent, de la phrase simple sujet-verbe-
complément, et tout, c'est peut-être là la raison profonde de
la chute non moins vertigineuse enregistrée par Charpin : la
tristesse, la désolation d'une telle langue... Encore si cette
information débile — l'autre enfoiré qui pêche — était
donnée sous une forme un petit peu rythmée : « Il pêche, il
pêche !... le bonhom--me. A côté du chê--neu ! » Mais non !
Une langue c'est pas gai ! Et après tant de morosité interne,
de mort suintée phrase à phrase, l'affligeante page se termine
par : « Quelle belle promenade ! » Il faut un certain culot.

Et si ce rejet de tout élément ludique, ce refoulement
grossièrement ostentatoire de tout plaisir de langage, provo-
quait une culpabilité intime chez l'enfant qui s'attendait, tout
à fait à l'inverse, à une jouissance ? Il s'infiltre peut-être en
lui la notion que c'est très mal d'avoir envie de mots — que le
langage est faute ?... J'essaie encore d'interpréter l'interpel-
lante dégringolade de Charpin. Peut-être on tue dans l'œuf le
désir de langue — et ça se met à puer l'œuf pourri, alors, chez
la petite fille et le petit garçon du cours préparatoire, quelque
part... entre chair et chanson !

Pour moi je ne connais guère de situation de communica-

---

1. Merci Christiane Rochefort.

tion plus intense que dans : « Je te tiens, tu me tiens, par la bar...bi...chette, le premier, qui rira... » Ah le joli suspense ! Il faut peser ses mots à l'extrême... Les chantonner, les psalmodier, les allonger... Préparer sa tapette, bien observer l'autre, avoir peur si on rit... Et puis faut pas tricher du tout ! Ça c'est du langage !... C'est comme cette histoire de vendeuse de foie, dans la ville de Foix, qui vendait du foie... Ça me fait encore rigoler. Après tout ce temps. Il y a quelques années, j'ai passé à Foix, enfin... J'ai traversé la ville lentement, avec un respect infini, comme si je traversais un des sanctuaires de la poésie française.

Alice au pays du langage

Il s'agit d'un livre de Marina Yaguello[1], linguiste, auquel j'ai également emprunté les courtes citations des poèmes de Desnos :

A noter que le « langage-bébé » ou langage des nounous pratique spontanément la rime et la répétition. Le mot, au stade du babil, qui suit le stade du gazouillis, est naturellement binaire. Toutes les langues ont l'équivalent de : *bébé, pipi, caca, dodo, lolo, joujou,* etc., ce qui correspond, selon certains « psypsychachanalystes », à une pulsion de répétition. Dans le vocabulaire adulte, des mots comme *chouchoute, bobonne, doudoune, lulu, Gégène, gougoutte,* etc., qui ont souvent un sens affectueux, sont toujours ressentis comme une régression infantile vers un rythme originel binaire. C'est pourquoi ce langage lié au jeu et au plaisir se retrouve souvent dans les rapports amoureux.

On trouve de nombreux mots rimés dans toutes les langues, en dehors du langage enfantin : *pêle-mêle, tohu-bohu, charivari, méli-mélo, couci-couça, bric-à-brac, de bric et de broc,* etc. Ces mots, qu'ils soient assonancés ou allitérés, présentent la particularité de défier l'analyse et offrent un sens et une résonance ludiques ou en tout cas peu sérieux. Ils représentent la trace, figée dans le lexique, de la tendance naturelle des locuteurs à faire jouer les sons.

Ce qui sépare la poésie pure de productions telles que le slogan, par exemple, c'est la prééminence absolue du poétique sur le référentiel ou l'incitatif. Dans le slogan, la fonction poétique n'est qu'un phénomène de surface, un moyen, même si les procédés formels sont les mêmes. Ce qui sépare d'autre part la poésie du jeu pur, c'est la visée communicative qui subsiste dans le texte poétique. Une poésie qui ne serait que jeu formel, sans rien *évoquer,* serait singulièrement limitée.

Une autre distinction importante est celle qu'on peut faire entre le jeu spontané, libre, créatif (poésie, jeu de mots, calembour, etc.) et le jeu à règles (anagramme, mots croisés, Scrabble, etc.), qui vise à instaurer un ordre. De la même façon, on peut distinguer deux stades chez l'enfant, celui du jeu libre sans contrainte, et celui du

1. Marina Yaguello, *Alice au pays du langage,* Seuil, 1981, p. 35-37.

jeu à règles, plus tardif, qui participe à la socialisation, puisque le jeu, paradoxalement, se définit à la fois comme subversion de la norme sociale et comme intégration dans celle-ci.

Il est des sociétés où un statut est lié au jeu verbal. Ce sont les sociétés qui encouragent et valorisent les manifestations rituelles du langage telles que le *duel verbal*, les *joutes oratoires*, les *énigmes*, l'*insulte rituelle*. Le duel verbal, cet affrontement rituel en paroles, tel qu'il se pratique, par exemple, chez les jeunes Turcs pré-adolescents, exige de ceux-ci une virtuosité dans l'art d'enchaîner et de faire rimer les reparties et les insultes. Il s'agit d'un rite de passage, d'une initiation qui ouvre l'accès au monde des hommes. Chez les jeunes Noirs des ghettos américains, la pratique de l'insulte rituelle, qui accompagne la traversée de l'adolescence, a une fonction de défoulement. Elle est un substitut à l'agressivité et exige également un maniement virtuose de la langue : rimes, calembours, doubles sens, figures de style s'enchaînent à une cadence rapide. La règle veut que ce qu'on dit n'ait aucun rapport avec la réalité. La fonction référentielle est donc totalement évacuée. La pratique des devinettes, qui relève chez nous du folklore enfantin, est extrêmement valorisée dans bien des sociétés de culture orale. A Madagascar, les joutes verbales ou *hain-teny*, qui peuvent durer des journées entières devant un public passionné, manifestent la primauté absolue qui est donnée au langage comme forme suprême de l'Art dans la culture malgache.

Par contre, nous, Occidentaux, sommes de plus en plus submergés sous la masse du référentiel, de l'information pure et simple, de l'utilitaire. Le poète, le jongleur de paroles ont perdu la place prééminente dans la cité qui leur fut réservée autrefois.

TROISIÈME PARTIE

Main basse...

Les pédagogues...

DUNETON : Je fais une distinction claire entre le pédagogue et l'enseignant. L'enseignant est quelqu'un qui fait ce qu'il peut, dans des conditions pas toujours faciles, pour instruire des enfants, ou de jeunes adultes, afin de leur transmettre des connaissances, des habitudes de travail et de pensée qui sont les siennes, et auxquelles il a un peu réfléchi. — Le pédagogue est un monsieur emporté par une sorte de folie : la pédagogie. Il hache, il découpe les éléments vitaux d'un savoir dont il se moque éperdument, mais qui lui sert de prétexte à des numéros personnels qui sont destinés, au fond, à le mettre lui même en valeur. Autrement dit, le pédagogue est un enseignant malade. L'ennui, c'est que les traités de pédagogie dont il se nourrit, au contraire des traités sur la peste ou la syphilis, ne sont pas faits pour essayer de le guérir, mais pour envenimer sa maladie. Parce qu'ils sont conçus par des pédagogues. C'est un peu comme si les traités de psychiatrie étaient écrits par les pensionnaires des asiles d'aliénés.

9

... sur la voix

DUNETON : J'ai eu l'occasion de constater, entre 1959 et 1964, un changement d'attitude assez profond des enfants face à la langue. J'ai fait ces observations dans un même canton rural du bas Limousin, le mien, où j'enseignais à l'époque, sur des enfants qui étaient nés entre 1948 et 1953, et qui étaient donc entrés à l'école, les premiers vers 1954, les seconds vers 1959, accueillis et formés, en gros, par les mêmes instituteurs... Le changement consistait en ceci : les enfants qui étaient arrivés en sixième en 1959 possédaient un vocabulaire traditionnel important, ils étaient généralement capables de choisir entre plusieurs substantifs, adjectifs ou verbes pour désigner quelque chose, en utilisant les nuances — ceux qui entrèrent à partir de 1964 n'avaient à leur disposition qu'un vocabulaire nettement plus réduit, le tiers peut-être, ou le quart de celui des premiers, et souvent un seul mot par objet. C'est un phénomène curieux, et qui n'est pas le reflet d'un fantasme de ma part — bien que je n'aie pas fait de mesures précises sur le moment, et je le regrette, j'avais un moyen très sûr de constater cette étonnante réduction, en dehors des récriminations et lamentations des profs de français, de math, d'histoire, et de tout ce qui s'écrit : j'enseignais l'anglais et on faisait encore beaucoup de traductions pour préparer l'épreuve écrite du BEPC. Comme tous les profs de langues, à l'ancienne, j'utilisais les mêmes textes de version d'une année sur l'autre, par commodité, mais aussi parce que ça donnait l'occasion, une fois la traduction faite, de fignoler d'année en année, de l'améliorer, et c'est un jeu de langage que j'ai toujours beaucoup aimé... Il se trouve donc que ces textes anglais identiques, tirés du même manuel ou polycopiés, réutilisés pendant quatre ou cinq ans en quatrième ou en troisième, m'ont servi de baromètre involontaire, à mon corps défendant — et je ne dois pas être le seul dans ce cas. Donc un texte sur lequel on travaillait en classe en 1961, par exemple, on le grattait dans tous les sens et les élèves proposaient des tas de mots français, on choisissait la nuance qui paraissait la plus exacte, enfin comme ça se faisait dans la tradition universitaire d'époque ; on brassait du vocabulaire. A partir de 64, 65, à peu près, ce même texte, eh bien il était compris, en anglais, par les élèves suivants, je dirai presque de mieux en mieux, mais ils avaient énormément de mal à le traduire parce qu'ils n'avaient plus les mots... en français. C'est pas du misérabilisme, c'est une constatation toute crue. D'abord c'était moins amusant parce que ces nouveaux jeunes gens manquaient de nuances, alors ils ne trouvaient plus les subtilités ; je ne pouvais plus faire mon numéro et les épater par des fines trouvailles parce qu'ils me regardaient avec étonnement — ils ne voyaient pas du tout la nuance qui avait tant fait plaisir aux autres, deux ans avant... Et je me suis aperçu qu'ils ignoraient bel et bien et tout simplement les mots qui étaient nécessaires à la traduction. Au point que vers 1967-68, eh bien on ne pouvait plus du tout prendre les mêmes textes et, alors que leur anglais s'améliorait, je dois dire, on ne pouvait plus traduire du tout, ou alors des choses ultra-simples, parce qu'ils ne connaissaient pas suffisamment de français. Heureusement l'examen est devenu oral vers cette époque, les méthodes ont changé, on n'a plus fait de traduction du tout. On a parlé anglais en classe, et j'ai cessé de savoir, pour ma part, quelle était la situation des mômes dans leur langue maternelle, et de m'en préoccuper pendant plusieurs années. A quoi attribuer cette chute spectaculaire du potentiel langagier ? — qui s'est probablement stabilisé par la suite, je pense, mais n'est jamais remonté. On ne peut pas accuser la télévision, je le regrette, mais dans le canton elle n'est apparue, d'abord dans quelques familles aisées, que vers 1963-64, et ne s'est généralisée que vers 1966 dans tous les foyers... A l'époque nous avons attribué le phénomène à la mise en vigueur des nouvelles méthodes d'apprentissage de la lecture, précisément au cours des années 1955 et la suite. C'était même une accusation qui tournait au tollé chez certains profs traditionalistes. Et l'orthographe donc ! Ah les lamentations !... Je ne suis pas certain que les méthodes proprement dites doivent être particulièrement accusées. Je ne sais pas si la façon dont on apprend à lire a une importance capitale — je veux dire dont on apprend à déchiffrer : la méthode d'enregistrement du code. Je crois que ce qui importe c'est la façon dont on lit par la suite...

Je crois quant à moi que cette perte de langue — indéniable en ce qui concerne le volume du lexique enregistré, discutable pour ce qui est de la syntaxe — est due en premier lieu à une sorte de « maturité » langagière des générations d'après-guerre... Ce n'est pas un paradoxe, cela signifie que ces générations ne supportaient plus intégralement la supercherie de la langue scolaire qui entrait en conflit avec la langue courante, de plus en plus utilisée par la nation en profondeur ; la généralisation de la radio depuis une dizaine ou une douzaine d'années (en 1955) sur l'ensemble de l'Hexagone, dernier coup de boutoir aux langues locales, a probablement joué un rôle important. Il faut bien voir que cette génération née après 1947 était la première en France à être intégralement francophone de langue maternelle dans sa totalité (à quelques exceptions près), c'est-à-dire que c'étaient les premiers gosses à qui personne n'avait plus parlé « patois » quand ils étaient bébés. Ils en avaient peut-être acquis un sentiment plus intime de la langue, qui créa un frein important quand il fut question pour eux d'avaler la

langue de bois obligatoire à l'école. Mais je crois surtout que
c'est la pratique de la lecture — et non son apprentissage
proprement dit — qui s'est mise à ne plus être suffisante. Les
nouvelles méthodes, qui étaient en gros de type analytique
(on décompose le mot en syllabes après l'avoir repéré
globalement), ont permis à ces générations de savoir lire
beaucoup plus vite — c'est-à-dire en moins de temps qu'il
n'en avait fallu à leurs prédécesseurs pour apprendre avec
l'ancienne méthode synthétique du *b-a : ba, b-i : bi,* etc.,
lente, un peu lourde, terriblement traditionnelle. Cette
relative rapidité d'acquisition, qui est indiscutable, a dû
tromper l'ensemble des instituteurs de l'époque, qui crurent
que la lecture était acquise, alors qu'elle ne l'était qu'à
moitié. Ils passèrent très vite à d'autres exercices, plus
« intelligents » à leurs yeux, au lieu d'insister, peut-être
lourdement, de lire, de relire, afin d'asseoir chez l'enfant une
lecture en profondeur, en lui donnant le temps de monter ses
mécanismes phonateurs... Mon opinion est que les enseignants ont été floués par l'efficacité même des nouvelles
méthodes qu'ils se mettaient à expérimenter dans les
années 50 — c'est tout à fait différent que de prétendre que
ces méthodes étaient mauvaises !

Ce qui me fait penser à cette explication, c'est que ces
générations dont je parle, et sur lesquelles j'observais avec
tout le monde une « perte » de langue, avaient acquis en
même temps une sorte de lecture rapide et en surface que
j'appelle — que j'appelais à ce moment-là, par référence à la
célèbre théorie brechtienne de la « distanciation » théâtrale :
une lecture distanciée. Je m'apercevais que les mômes,
quand ils lisaient, ne faisaient pas corps avec la langue... Ils
parcouraient les phrases d'un paragraphe, ils comprenaient
le sens de ce qu'ils lisaient, mais en restant comme « à
distance » précisément, ils saisissaient l'idée mais ils ne
s'impliquaient pas, je dirai « charnellement », dans les mots.
Une lecture distanciée, c'est celle qu'on a souvent dans une

langue étrangère que l'on connaît assez bien mais dans laquelle on ne « vit » pas... On peut lire un article, un livre, on comprend le message, même dans ses détails, mais il n'est pas modulé dans le mot à mot dont on ne saisit pas toutes les nuances. Si c'est un texte complexe, on n'est pas capable de le lire « entre les lignes »... D'ailleurs on peut rapporter l'information que le texte contient, mais dans sa langue à soi, on ne sait plus en quels termes est exprimé le message original : on ne pourrait pas les redire. Au contraire lorsqu'on est passé à un niveau beaucoup plus intime avec cette langue, qu'on a vécu dans le pays, qu'on en a l'accent, qu'on sait jouer avec les différentes valeurs de sens et de musique, on lit « en entendant », avec les intonations dans l'oreille. On a une lecture — je ne sais pas, disons « rapprochée », qui fait vibrer la langue à l'intérieur de nous. Les termes ont alors toute leur importance, on peut citer... Dans ce type de lecture, un mot nouveau, inconnu, vous explose à la figure ! Il ressort sur la ligne comme un énorme caillou — comme un os qu'il est ! On tient à le mettre en bouche, à le chercher dans le dictionnaire, de sorte à se l'incorporer. Travail sans fin : il y a toujours des nouveaux mots, sournois, inconnus, dans une langue étrangère.

Ces enfants, donc, à partir du milieu des années 60, lisaient le français comme une langue étrangère. Ils glissaient sur la langue sans y pénétrer — surtout sans qu'elle les pénètre. Le résultat est qu'ils pouvaient lire un mot deux fois, trois fois, dans un texte, dans un livre, et ne pas même le remarquer, ne pas savoir qu'ils l'avaient rencontré. Le mot, à moins d'être en position clef pour le sens de tout un passage, n'arrivait pas à la conscience du lecteur... La première réaction est de croire qu'il s'agit d'étourderie. Non, c'est une question de lecture, la bonne volonté n'y est pour rien... La conséquence, eh bien, ces élèves-là n'enregistraient pas le vocabulaire dans ce qu'ils lisaient : ils manquaient de mots.

Le décrochage s'était donc produit, on pourrait dire « à la

faveur » des nouvelles façons d'apprendre à lire, plus
mobiles, plus légères, plus efficaces. La vieille méthode des
abécédaires, le *b-a : ba,* avec ses gros sabots, ses progres-
sions pesantes, avait quelque chose du labour ! Elle ne
donnait pas à l'enfant l'illusion qu'il savait lire vite fait bien
fait, il lui fallait attendre d'avoir mis en place tous les sons,
tous les agencements, pour pouvoir décoder le message...
C'était une méthode éminemment rebutante, pour générations pas pressées. On a sans doute eu raison d'en changer.
Mais son aspect lourdement répétitif, cette manière de
chanter les syllabes les unes après les autres, et qui donnait
un ton gnangnan au lecteur débutant, lequel avait le plus
grand mal ensuite à passer à la lecture « courante » — lecteur
qui, englué dans cette pénible litanie, comprenait mal, ou pas
du tout, le sens de ce qu'il lisait ! —, avait un avantage : elle
collait au corps de l'enfant. Elle comportait un élément
physique très important, elle mettait en jeu tout l'appareil de
phonation, d'audition, elle avait un côté imbécile et gesticu-
latoire — les enfants se dandinaient souvent d'un pied sur
l'autre en chantant, en psalmodiant les exercices des sylla-
baires ! Évidemment il fallait ensuite un entraînement terrible pour se désengluer, pour passer au message, mais le
lecteur conservait ce contact physique, même imperceptible-
ment, avec la langue qu'il lisait. Voilà la différence : il avait
une lecture qui tenait parfois du corps à corps, certes, mais
qui n'était pas distanciée. Une lecture intérieurement
« sonore », où tous les mots comptaient — étaient « joués »
par l'instrument phonateur — et par conséquent s'enregistraient. Quand il lisait, par la suite, ce n'était pas seulement
le message, l'histoire, qui lui entrait dans la tête — sans
qu'on s'en aperçoive, c'était la langue elle-même, avec ses
mots, ses rythmes, et finalement sa syntaxe.

Cet aspect essentiel de la « vieille lecture » n'ayant pas été
correctement analysé ni même senti par beaucoup d'enseignants, ravis à juste titre de pouvoir apprendre à lire à leurs

petits élèves plus vite et de façon plus « intelligente »,
personne n'a songé, en adoptant les nouvelles méthodes, à
trouver des exercices de compensation... Il aurait fallu
penser à des ancrages, profiter de ce que l'enfant lisait de
façon plus légère, en comprenant beaucoup mieux ce qu'il
lisait et en « mettant le ton », pour intensifier la lecture à
haute voix, dialoguée ou non, la récitation, qui aurait pu
devenir plus intéressante, l'interprétation de monologues, de
fables, de tout ce qu'on veut. Au lieu de ça, les enseignants
profitèrent uniquement du côté brillant et facile de la
nouvelle lecture et, ignorant l'aspect formateur pour la
langue de la lecture à haute voix, ils abandonnèrent de plus
en plus les exercices de lecture ! Ils occupèrent le temps
dégagé à faire autre chose : du calcul, de la grammaire...
Enfin des choses « pédagogiques ». Le résultat c'est que,
tout en lisant sans doute le même nombre de livres — pour
l'histoire, uniquement, en lecture de plus en plus distanciée
— et même peut-être en ayant lu davantage de livres
qu'avant, ces nouvelles générations d'élèves arrivaient en
sixième en connaissant de moins en moins le français. Voilà
comment j'ai été obligé d'arrêter mes petites traductions
avec des mômes qui ne connaissaient plus les mots pour les
faire. — C'est à ce moment-là que tout le monde s'est mis à
accuser tout le monde... Je crois que ça continue ?

PAGÈS : Ce que tu viens de dire va totalement en sens
contraire de ce qui se fait et de ce qui se prône dans les
directives officielles de l'école primaire. La lecture rapide,
depuis quelques années, c'est l'avant-garde de la méthode
d'apprentissage de la lecture. La méthode consiste à élargir
le champ visuel sur la ligne et à lire uniquement des yeux, en
évitant les redondances et en sautant d'un mot important à
un autre, cela afin de mieux comprendre ce qu'on lit. Parce
que plus on va lentement, moins on comprend : tu l'as dit toi-
même, quand on ânonne on ne comprend rien du tout... Au

contraire, plus on saisit vite ce qui est contenu dans une page, puis dans la suivante, plus on est en mesure de rapprocher les idées qui s'y expriment, puis de comprendre l'ensemble du chapitre, du bouquin tout entier, etc. Les arguments de cette école, représentée notamment par Jean Foucambert, sont que « lire ce n'est pas énoncer ». La lecture doit se détacher complètement de ce qu'on appelle la phonation. Dans cette perspective, toute lecture à voix haute, serait-ce une lecture silencieuse mais à « voix intérieure », est une mauvaise lecture.

DUNETON : En effet... Ils sont hostiles à la lecture à voix haute ?

PAGÈS : Oui, tout à fait. Il faut enseigner à lire avec l'œil, pas avec l'oreille, dès le début, dès le cours préparatoire. Ce ne sont pas des racontars, ce sont les nouvelles directives : j'ai fait moi-même des cours là-dessus, il y a deux ans, aux instituteurs d'un département, pour les inciter à se recycler.

DUNETON : C'est la fin des haricots.

PAGÈS : Pas forcément...

DUNETON : Alors là, je veux bien prendre date : c'est la cessation complète de tout enseignement du français à l'école primaire ! Et ce ne sont pas les exercices de grammaire qui y changeront quelque chose. Maintenant, ce n'est peut-être pas une catastrophe ! Étant donné la nature du français qui y est enseigné... Ça signifie peut-être la fin de la langue scolaire précisément, et il faut s'en réjouir. Mais c'est quand même un peu troublant de penser que l'école d'un pays renonce à enseigner sa langue... — Donc, ce n'est pas une plaisanterie ?

PAGÈS : Absolument pas. C'est la tendance actuelle. La plus en vue et la plus actuelle... On l'appelle couramment du nom de son « promoteur » : la méthode Foucambert. Il n'a fait du reste qu'adapter à l'enseignement une méthode de lecture rapide dont se servent aujourd'hui les gens qui ont besoin de lire beaucoup de documents dans leur travail, des rapports, etc.

DUNETON : Mais c'est là la confusion ! L'erreur, c'est que ces méthodes sont excellentes pour un adulte, qui connaît déjà la langue, et qui veut s'informer — mieux il connaît la langue, et plus la méthode est efficace. Mais l'appliquer à des enfants dont le problème est justement d'apprendre la langue : c'est criminel !

PAGÈS : Parce que tu penses avant tout à la musique de la langue, que tu défends la langue comme poésie... Mais là il s'agit du sens.

DUNETON : Si tu vois un film muet, tu vois défiler des images, tu comprends aussi, c'est plein de sens, mais c'est pas ça qui va t'enseigner le français ou l'anglais !... La lecture rapide, c'est une lecture strictement d'information, elle revient à la vision d'un film muet. Il n'y a pas de mots, pas de rythmes. C'est une histoire sans paroles... Certes, on comprend très vite — et d'autant mieux qu'il n'y a pas de paroles, mais le problème de l'enfant, c'est d'apprendre une langue, pas d'enregistrer des informations sur un film sans paroles. A la rigueur, une telle méthode appliquée à des débutants anal-phabètes adultes, qui savent déjà tout de leur langue, ça peut être tout à fait raisonnable. Appliquée à des enfants, elle porte sa propre mort en soi — c'est un aliment empoisonné.

PAGÈS : Mais enfin, apprendre une langue, c'est apprendre à la lire, apprendre à l'écrire ?

DUNETON : Mais pas du tout. C'est dramatique une confusion pareille ! Les langues se sont transmises, apprises, pendant des siècles et des millénaires, sans lecture et sans écriture ! Je possède moi-même actuellement une langue, l'occitan, de tendance bas-limousin, dont je ne sais pas écrire un mot, et que je n'ai appris à lire qu'il y a une dizaine d'années. Quand je la vois écrite, je procède d'ailleurs par devinettes, je prononce à haute voix pour trouver les mots qui n'existent en moi qu'oralement, enregistrés sous forme de sons à reproduire dans les cellules de mon cerveau. Enfin je pense que c'est là, j'ai pas vérifié... Je suis un primitif évidemment dans ce domaine, je n'ai pas suffisamment l'habitude de lire cette langue-là pour repérer le sens des mots à l'œil comme je peux tout de même le faire en français. Quand je lis de l'occitan, je lis d'une façon primitive, je ravive les sons qui sont transcrits selon un code conventionnel qui est l'alphabet, et ces sons produisent en moi des impressions physiques curieuses, des mini-frissons, des contractions extrêmement ténues des organes, dans la gorge, dans le cou, ainsi que d'imperceptibles altérations du rythme respiratoire et cardiaque [1]. Tout cela accompagne le sens, et remue sans doute quelque chose de très profond en moi, dans mon inconscient, car il s'agit d'une langue émotive, du moins telle qu'elle m'a été transmise, du reste à mon insu, sans que je l'aie jamais beaucoup parlée vraiment — mais je me suis rendu compte à l'âge adulte qu'elle existait réellement en moi, tout entière, et sous une forme infiniment plus nuancée que je ne soupçonnais. Des centaines de millions de personnes dans le monde en sont aujourd'hui encore à ce stade par rapport à des langues qui sont les leurs, et qui existent en dehors de toute forme d'enregistrement visuel et graphique, de lecture et d'écriture.

Toutefois, comme dirait Pois-Chiche, il se trouve qu'il est

---

1. Ces altérations, quand on dit un texte à voix haute, peuvent être infimes ou spectaculaires : elles sont bien connues de tous les comédiens.

infiniment commode, puisque nous savons écrire, d'enregistrer sur le papier à la fois la langue et les informations qu'elle contient, que notre civilisation le fait depuis longtemps, et qu'il s'est constitué ainsi d'immenses réservoirs : les livres et les bibliothèques. La langue se trouve ainsi mise en conserve pour les mauvais jours, et les bons. Comme dans la vie ordinaire, on n'en utilise qu'une faible fraction, on peut à tout moment compléter sa propre formation, enrichir sa langue en consultant les livres. La langue est rangée comme dans un herbier, séchée, on peut la réinsuffler quand on la lit. C'est ça la lecture : puiser dans l'herbier. En principe c'était le rôle de l'école, jusqu'à présent, de transmettre aux petits jeunes sortis des jupons de leurs mères cette technique spéciale : la manière de se servir de l'herbier.

PAGÈS : Pour toi la langue écrite est une chose lyophilisée, desséchée, qui n'existe que quand on l'a ranimée en la parlant. C'est comme un potage minute.

DUNETON : Tout à fait. C'est exactement ce que je veux dire.

PAGÈS : Mais la langue écrite existe en elle-même. Elle peut se consommer toute seule, sans passer par des mouvements de la glotte, de la langue, des lèvres, même s'ils sont infimes et à peine esquissés.

DUNETON : Non. Je regrette, mais je ne crois pas. L'information peut passer ainsi, oui, si l'on est assez habile — mais pas la langue. Tu confonds la langue et l'information — le véhicule et le véhiculé... L'information s'appuie généralement sur la langue, c'est vrai, parce qu'elle l'utilise comme signe, mais elle peut être véhiculée par d'autres signes. Le pouce en l'air, ça veut dire : « Tout va bien. » C'est un signe qui véhicule une information. En langue, ça se formule par : « Au poil. — T'en fais pas. — J'ai réussi. — Courage ! Je ne

te quitte pas !... Et si ta mère t'engueule, dis-lui que ça la
regarde pas. » Enfin l'information dépend du moment et des
personnes, elle peut être variée. Ça peut être n'importe quel
signe. Une flèche signifie : « Allez de ce côté-ci. — Montez.
— Descendez. — Sens obligatoire », etc. Ça peut être un
pictogramme : « Défense de fumer. — Ne jetez pas de
bouteille par les fenêtres du train. » Quand tu vois dans un
bistrot le dessin d'un bonhomme stylisé sur une porte, à côté
d'une autre porte qui porte une femme schématique, qu'est-
ce que tu te dis ?... « WC, toilettes, *toilets,* chiottes, gogues
— parce que c'est un symbole international... *Gents, bog,*
pissotières, ou cabinet » ? Le plus souvent tu te dis rien du
tout : tu entres... Tu passes directement dans « les lieux » en
pensant à autre chose. — Bon, il est possible que dans notre
civilisation écrite et visuelle un certain nombre de mots écrits
fonctionnent comme des pictogrammes chez quelques individus, pourquoi pas ? Quelques termes scientifiques complexes
peut-être, qui ne sont pas intégrés phonétiquement par les
rares scientifiques qui les emploient... Les abréviations
généralement ont cette fonction-là, et certains sigles un peu
longs, difficilement prononçables. Quand je vois *USSR* [1], je
pense URSS, ou Russie, et je vois des hommes vêtus de
rouge qui dansent en étant accroupis... Je ne suis pas sûr que
des tas de gens dans le monde voient ça avec *USSR.*

La personne qui lit en lecture rapide — extrêmement
commode, et parfaitement recommandable — ne rameute
pas la langue qui est figurée sur la page, elle collecte
seulement du sens, qu'elle a l'adresse de saisir ici et là,
comme une suite d'images qui lui donnent l'information
contenue dans la page : une série de chiffres et de sommes
qui l'intéressent, des horaires dont elle a besoin, les noms des
produits pharmaceutiques qu'elle doit se procurer, le temps
qu'il fera demain, etc., à l'infini. Elle peut même décrypter le

---

1. C'est URSS en anglais.

sens contenu dans un poème — à la rigueur! Savoir par exemple que le poème parle de « l'automne qui est comme du violon et que ça fout le cafard » — mais ça n'est pas *lire* le poème, qui n'est que langue, entièrement langue... Lire, c'est-à-dire rechoper l'humeur, revivre l'humeur que le bonhomme qui l'a écrit a placé là, sur la page, pour qu'on puisse le refaire chanter quand on veut. Dans un poème l'écriture ressemble tout à fait à une partition. Il faut jouer les notes pour entendre, donc comprendre !

Le malentendu, ici, est que tu me parles d'apprendre la lecture et que je te parles d'apprendre la langue... Ce sont deux choses assez différentes. On ne peut apprendre la langue par la lecture que si cette lecture est entière, sonore, présente — si on lit pour la langue, et pas pour l'information qu'elle véhicule à tel ou tel moment. Le malentendu c'est que je te parle d'apprendre à nager, tu me réponds qu'on va plus vite avec un bateau à voile !

Ceux qui laissent sans voix...

Louis Legrand : « Pratiquons la lecture rapide [1] »

NOUVELLES LITTÉRAIRES : *Que pensez-vous de cette accusation portée contre les nouvelles méthodes d'apprentissage de la lecture responsables de la montée d'un certain analphabétisme ?*

LOUIS LEGRAND : Ça fait cinquante ans qu'on nous le dit. Mais qu'est-ce que c'est cette nouvelle méthode dont on parle, je voudrais bien la connaître. Les manuels qui se vendent le plus sont des manuels architraditionnels. La méthode de lecture globale, elle, n'a jamais été pratiquée vraiment que par des artistes et qui ont eu des résultats remarquables. Ce sont plutôt les méthodes semi-globales qui ne réussissent pas très bien. En fait, la lecture fonctionnelle n'est pas prise en compte. On passe un certain temps à faire du *b-a ba* (parce qu'on en fait de toute façon), et puis après on pense qu'ils savent lire. Eh bien non ! Le problème vient de l'entraînement à la lecture visuelle rapide. Et ça c'est bien connu. Il y a des techniques. Mais effectivement les instituteurs ne les connaissent pas. Et les professeurs non plus. Dans leur grande majorité. Je crois que c'est un gros problème de formation. Ce sont de tels exercices de lecture rapide (qui ont donné de bons résultats quand on les a pratiqués, au lycée de Montgeron, par exemple, en 6e), qui devraient être réalisés dans les groupes de niveau faible en français en 6e, que je préconise.

Jean Foucambert : « La manière d'être lecteur [2] »

Je ne crois pas qu'il soit possible ni utile de distinguer des comportements différents chez le bagnard qui lit le mode d'emploi

1. *Les Nouvelles littéraires*, janvier 1983.
2. Aux éditions OCDL-Sermap.

d'une nouvelle lime, le gourmand qui lit la carte du restaurant, le candidat qui lit l'énoncé du problème, l'historien qui lit un document, l'amoureux qui lit un poème, le voyageur qui lit l'horaire du train.... *La lecture est dans tous les cas une prise d'informations, et ce qui peut varier d'une situation à l'autre, c'est ce qu'on veut faire de ces informations :* du rêve, du plaisir, de la spéculation, de l'action, etc. C'est en fonction de ce que l'on veut faire qu'on sélectionnera les informations dans tel ou tel registre ou dans tel ou tel domaine. *Lire, c'est donc, avant même de chercher de l'information, avoir choisi l'information que l'on cherche.* Lire, qu'il s'agisse du journal, d'un roman, d'une notice, d'un poème, d'une relation d'expérience, des sous-titres d'un film, d'une carte d'état-major ou d'une pièce de théâtre, c'est toujours une activité qui trouve sa signification *parce qu'elle est inscrite à l'intérieur d'un projet. On peut discuter de la valeur du projet, mais ceci étant, la lecture est une :* il s'agit toujours de prendre les informations qu'on a choisi de prendre [...].

DUNETON : Dans une lecture d'osmose, ça n'est pas l'information qui compte, c'est le rythme et la musique d'une langue. Une langue te devient intime parce qu'elle t'est rentrée dans la peau, phonétiquement. Je ne parle pas simplement des mots, mais de la syntaxe... Je défie qui que ce soit de choisir entre « il faut *que je vais* » et « il faut *que j'aille* », uniquement à l'œil, parce qu'il l'a photographié. Ces choses-là doivent s'entendre — ça se choisit à l'oreille, avant tout, et ce n'est que dans les cas litigieux, incertains, que le locuteur, s'il est suffisamment instruit des choses de la grammaire, pourra essayer de raisonner, et de choisir en fonction d'arguments intellectuels. Toute l'intuition, le sentiment de la langue, te rentre par les pores de la peau. Les mots-sons finissent par agir sur toutes tes glandes. Il y a un moment dans l'acquisition d'une langue étrangère où ton inconscient fonctionne aussi avec ces mots-là... On rêve en anglais tout d'un coup. C'est un moment capital : la connaissance de la langue se fait alors dix fois plus vite, et sur un autre plan — quelque chose se débloque, je ne sais pas comment le décrire, on est pris par une sorte d'aspiration... On peut écrire soudain, dans cette langue-là, à partir du moment où elle commence à être en prise directe avec l'inconscient. Et tout ça se fait en parlant et en écoutant. En chantant aussi, dans la langue, bien entendu... La phonation est un des principaux motifs d'apprendre — un moyen de séduction, de plaisir, dont l'enfant a absolument besoin, pour que la langue se monte en lui ! Cette osmose se produit par une forme ou une autre de répétition, laquelle enclenche un processus d'assimilation qui n'est pas intellectuel au sens étroit de la réflexion consciente — qui est d'un autre niveau. Ce sont des choses qui sont bien connues de tous les profs de langues vivantes, depuis longtemps. Il n'y a qu'à jeter un œil sur la préface d'une méthode Assimil, qui est un chef-d'œuvre de ce point de vue, et qui existe depuis presque un demi-siècle. Le trait de génie de cette méthode, par parenthèse, est de prendre la langue telle qu'elle est, de faire passer des structures sans les simplifier — alors que la pédagogie consiste à détruire d'abord son objet pour pouvoir en présenter plus commodément les éléments disséqués. Mais ce sont le plus souvent des éléments morts et desséchés !...

Les enseignants ont fini par se laisser ronger par la pédagogie — un danger qui guette tous ceux qui s'occupent d'instruire les autres, c'est certain, et contre lequel davantage de gens de tous bords devraient lutter. Actuellement nous laissons les enfants se battre tout seuls contre de pareils abus !... Je veux dire qu'un certain nombre de pratiques traditionnelles ont été évacuées de l'école sans réelle réflexion, alors qu'elles avaient un rôle très important dans l'acquisition d'une intimité avec la langue.

Pendant les années 50, les gens voulaient être intelligents à tout prix. Il y eut un grand vent d'intelligence qui souffla partout. La décennie 40 ayant été particulièrement obtuse, une sorte de faux pas tragique dans le siècle le plus éclairé, le plus en progrès de l'histoire de l'humanité, on éprouvait un besoin de compensation. Il faut dire que la connerie à l'ancienne avait poussé un peu loin le bouchon, en effet... Le maréchal Pétain, enfermé à l'île d'Yeu, n'en finissait pas de s'attarder parmi nous comme un remords : la bicyclette et l'intelligence furent donc, alors, les deux petites reines des Français. On analysait tout, tous les trois pas on se deman-

dait quelle était la signification du premier, et du second, en
relation avec le quatrième qui allait venir — ce fut naturellement une sorte d'âge d'or de la pédagogie. La mode devint
qu'il ne fallait plus faire, dans les écoles, que des choses
strictement intelligentes : il fallait tout expliquer, tout
comprendre au fur et à mesure. C'était extrêmement loua-
ble. Afin de mieux raisonner on décida de désencombrer la
mémoire des enfants, de rompre radicalement avec l'enseignement millénaire et moyenâgeux des apprentissages « par
cœur » — une expression qui signifiait jadis « en pensée »,
mais dont le mot « cœur » sentait à présent l'irrationnel... En
même temps, donc, que les nouvelles méthodes de lecture
intelligente s'implantaient, les vieux exercices qui faisaient
appel à la mémoire commencèrent à être regardés de travers
par les enseignants et débarrassèrent peu à peu le plancher
des classes. C'était une bénédiction de voir disparaître les
listes de dates historiques, les résumés à réciter le matin
toutes affaires cessantes ; un courant d'air frais rajeunit
considérablement les manières d'enseigner. Le revers de
toutes ces bonnes choses c'est que les enseignants ont pris
soudain l'habitude du « planter, récolter », et perdu peu à
peu le sens du mûrissement... Ce qu'acquiert un enfant ne se
transforme pas forcément en « résultats » quelconques au
cours de la semaine suivante. Il y a des choses qui l'imprè-
gnent et qui le transforment peu à peu d'une manière
imperceptible — et donc inattribuable à qui ou à quoi que ce
soit. Alors, bon, en reléguant le « par cœur », on a aussi
relégué — parce qu'elle n'avait aucun résultat immédiat — la
récitation traditionnelle de textes. La « récitation » : fables,
monologues, extraits de pièces, poèmes... Elle est très vite
apparue comme un exercice vieillot destiné à orner l'esprit
tout en formant le sens civique des écoliers de la IIIe République, et progressivement, sans le dire tout à fait, au bon gré
et au bon cœur de chacun, elle est finalement tombée en
désuétude à peu près entièrement. A mon avis c'est une

erreur considérable, car c'est priver le jeune individu d'une partie très importante de ce bain de langue qui permet l'assimilation intuitive, l'osmose des termes, des structures, du rythme, de tout ce qui fait la vie d'une langue. On a supprimé ce qui est peut-être le plus important relais de la transmission orale. On l'a abandonné au moment même où l'on aurait dû le renforcer beaucoup pour compenser les pertes « en rabâchage » occasionnées par les méthodes de lecture analytiques — lesquelles auraient sans doute donné alors *toute* leur efficacité... et entière satisfaction. Cela dit, étant donné le manque de réflexion chronique dont les responsables de l'éducation font preuve au sujet de la langue à enseigner, tant qu'on n'a pas épuré le mythe, le grand mythe de la langue française qui dévore nos petits enfants, génération après génération, il vaut peut-être mieux que l'on ne fasse plus de récitation du tout — ça limite au moins les dégâts... Je suis, pour des tas de raisons, qui tiennent aussi à l'expérience, persuadé que la récitation de textes (sous une forme qui peut être tout à fait rajeunie !) est un des plus puissants remèdes que l'on puisse appliquer aujourd'hui à la crise de l'enseignement du français — et persuadé aussi que c'est le remède le plus dangereux à manier. Tant qu'on n'aura pas commencé à répondre à la question : « Quelle langue enseigner ? », il vaut mieux, et de loin, ne rien réciter.

Un autre des exercices ultra-classiques que l'on s'est mis à négliger sans en connaître, heureusement, la véritable portée, c'est la dictée. La dictée n'a jamais eu, contrairement à ce qu'on pense, un intérêt bien considérable pour l'apprentissage de l'orthographe... Et encore il faut distinguer entre la dictée vraiment enseignante, expliquée tout du long, et la dictée dite « de contrôle », la plus pratiquée, celle où l'on comptait les fautes à la fin, et les points — et qui ne servait à rien ! Au moins en ce qui concerne la graphie de la langue, car elle avait un rôle très important en revanche — je dis bien *en revanche,* car c'en est une ! —, un rôle généralement incompris et peu soupçonné : insuffler dans l'inconscient des gosses une dose de langue française qui l'alimentait d'une manière des plus subtiles et des plus efficaces, parce que détournée. Ces textes d'une dizaine de lignes, choisis la plupart du temps dans les phrases longues de la littérature pour donner une meilleure prise à l'analyse logique qui suivait, étaient d'abord lus lentement dans une sorte d'attention sacrée, rituelle, où chaque auditeur essayait de détailler les mots et les tournures, et de se faire une première idée des difficultés à venir. On vous le faisait ensuite au détail : chaque phrase lue et relue séparément, articulée à l'extrême des possibilités et même un peu au-delà, chaque membre de la phrase soigneusement répété, cinq ou six fois, toujours dans le silence, la tension la plus recueillie, pendant que tous les mots étaient mimés par toutes les glottes des récepteurs à porte-plume, repassaient muettement par les langues, les dents, et les voiles de palais... Ainsi jusqu'au bout, puis *da capo,* on vous rechantait tout le morceau jusqu'à la signature, qui était inscrite respectueusement au tableau. A la fin de la demi-heure, un être normalement constitué connaissait le texte absolument par cœur. Gratuitement et en prime. C'était mon cas, je m'en souviens très bien, quand j'étais môme ; certaines dictées me restaient plusieurs jours dans l'oreille, du moins des phrases entières. Eh bien cette cérémonie constituait une phase privilégiée de l'apprentissage de la langue : la demi-heure sacrée hebdomadaire qui valait à elle seule une semaine de méthode Assimil. C'était une technique d'assimilation involontaire d'autant plus géniale que l'attention consciente n'était justement pas portée sur la langue elle-même, mais détournée sur un objet parallèle : l'orthographe. Ça n'aurait sûrement pas marché aussi bien si l'acquisition avait été la règle du jeu — et si elle avait compté dans la sanction finale que savent mettre les pédagogues à tout ce qu'ils font. Là, c'était merveilleusement gratuit, mesdames et messieurs ! Le petit tour de cirque

clandestin pour le plus grand amusement des enfants
sages !... J'ai connu plusieurs témoignages d'élèves du secondaire qui m'assuraient avoir appris le français dans les dictées
des classes primaires — ce qu'ils en savaient. — Là aussi ça
pose le problème fondamental du choix de la langue,
évidemment. Il est peut-être heureux que ces exercices qui
portaient uniquement, en principe, sur l'écriture intermina-
blement cicéronienne pour la plus grande joie des accords
subtils aient provisoirement passé à l'as.

Ces réflexions faites, je me demande sincèrement où
l'écolier d'aujourd'hui pourrait bien avoir attrapé la langue
qu'on lui reproche si fort de ne pas avoir ?... Il est muni d'une
forme de lecture distanciée — bientôt carrément « rapide »
par les soins des disciples de Foucambert — qui glisse sur le
texte pour y cueillir l'information mais ne l'accroche pas : il
pourra se taper des bibliothèques entières sans rien acquérir
du tout... Quant à la langue, je veux dire : bien sûr il saura le
contenu des bibliothèques, mais toujours incapable, lui,
d'écrire trois lignes. Il n'a plus l'aliment des textes récités par
cœur, ou très rarement, ni le serinage langagier de la dictée
redoutée... Il est donc privé d'à peu près tous les moyens
d'intégration possible des rythmes et des structures du
français « classique » — où diable il pourrait les dégoter ? Où
est-ce qu'il pourrait rencontrer cette langue ?... Et c'est
encore lui, l'infortuné (pour dire les choses joliment), qui se
fait agonir ! On l'abreuve de reproches, l'indigne ! On le
traite de bon à rien, de paresseux... Mais à voir ça de près on
devrait le consoler, lui présenter nos excuses. C'est pas une
boutade — les gosses prennent leur langue à la télé,
maintenant. Ils jouent énormément avec les slogans publicitaires, par exemple — sans les prendre au sérieux, au
contraire avec toute la finesse et la distance voulues. Et
même lorsqu'ils font acheter des choses à leurs parents, c'est
plutôt parce que ça crée une connivence entre eux, un lien...
La pub leur sert de comptine.

PAGÈS : Tu noircis considérablement le tableau.

DUNETON : C'est que je n'aime pas voir les enfants, en
général, supporter les erreurs des adultes en qui ils ont
confiance... Les adultes déclenchent des guerres dans lesquelles les enfants se font massacrer... « Les parents boivent,
les enfants trinquent », ce genre de chose. Mais ce ne sont
peut-être pas des erreurs finalement. Ce qu'il y a de bien
quand on joue les prophètes, c'est qu'on se trompe à peu
près toujours ! Les choses évoluent de façon imprévue. Par
exemple cette course à la lecture de plus en plus rapide porte
pour l'instant les germes du rétrécissement de la langue —
mais il est possible aussi que la lecture coure à sa propre fin,
que dans cinquante ou cent ans les gens n'aient plus besoin
de lire du tout !

PAGÈS : Là tu fais le coup de l'apocalypse, le grand frisson...

DUNETON : Pas du tout. Pourquoi apocalypse ?... Quand tu
discutes avec des informaticiens, tu te dis qu'à partir d'un
certain moment on va pouvoir se passer de la langue... Tout
du moins la réduire à un usage vernaculaire, à l'usage du
contact : « Passe-moi le sel », etc. Ça ne paraît pas complètement utopique quand on voit la vitesse à laquelle se
développe l'informatique qui détient de plus en plus le
monopole de l'information importante. Au XVIIIe siècle, au
temps de Diderot et de la Grande Encyclopédie, toute
l'information était contenue dans la langue. Actuellement les
informations que nous avons sur le globe ne contiennent plus
dans aucune langue... Elles sont dans des ordinateurs de plus
en plus puissants et capaciteux, qui fonctionnent avec une
langue à eux, codée, et d'ailleurs anglaise. Qu'est-ce qui
restera comme intérêt à une langue ordinaire dans cinquante
ans comme dépositaire de savoir ? Peut-être pas grand-

chose... Aujourd'hui chacun se promène avec une petite calculatrice de poche, les gens n'ont plus besoin de savoir compter, ce n'est plus une nécessité pour personne de connaître les tables de multiplication ! Eh bien il est possible que nous allions vers un temps où on cherchera une information complexe sur un cadran et non plus en se tapant une pile de feuilles dans un dossier à vitesse grand V, ou en consultant un bouquin. Langue internationale, codée... Ce n'est plus actuellement de la science-fiction. — Les langues particulières, le français, l'allemand et les autres, retourneront tranquillement à leur usage domestique, la vie courante, les ris, l'amour !... Ça peut arriver. Disons ça peut *revenir,* puisque e'était ainsi pendant des siècles : l'information sérieuse et la pensée étaient en latin ; le reste, la vie, dans les langues vernaculaires. Nous sommes peut-être simplement en période de transition, dans ces domaines-là... Si cela est, le français futur ne sera plus à lire, mais justement à nouveau *à écouter.* Langue redevenue de plaisir, buccale et tout... Une langue de poésie à entendre. Ou à goûter... Il y a toute cette danse de la bouche quand on parle, et qui est du reste esquissée quand on écoute — ce jeu compliqué de plusieurs dizaines de tout petits muscles de la langue, de la gorge, du palais, ce jeu sensuel contre lequel ce M. Foucambert est si terriblement fâché, apparemment : touche pas ta langue, et toutes ces sortes de choses. Cette danse permet d'apprécier la langue par la bouche dans cette activité tant décriée qu'est la lecture à haute voix... Ronsard fonctionnait ainsi, paraît-il. Ronsard était sourd très jeune, à seize ans... Il a donc tout écrit en testant ses vers à la bouche, et non à l'oreille. C'est ce qui donne à sa poésie ce côté charnel, dit-on, ou charnu... Il s'agit d'une véritable masturbation buccale, qui s'éduque. Qu'il faut retrouver quand on lit Ronsard — et plein d'autres ! Où l'on retrouve la notion de plaisir... Il n'est pas question d'apocalypse dans mon propos, au contraire ! Ce serait déjà un coin de paradis !...

Un dur de la feuille

Il ne s'agit pas de Pierre Ronsard, mais du docteur Alfred Tomatis [1], ce savant spécialiste de l'audition et de la phonation, respectueusement salué ici par cette appellation parce qu'il a passé sa vie à chercher, à trouver, et en gros à se battre pour l'*oreille*. Auteur de très nombreux articles, conférences et ouvrages, dont *l'Oreille directrice,* en 1966, et récemment *l'Oreille et la Vie* (Laffont, 1977).

La dyslexie : un concept médical rapté par la pédagogie...

Le néologisme *dyslexie* que la mode a décidé d'adopter visait au départ, dans l'acception même de Berlin et Buns qui l'introduisirent voilà un siècle, à particulariser les troubles rencontrés dans la lecture chez un sujet ayant été muni auparavant d'un langage normal, c'est-à-dire doté jusqu'alors de la plénitude de sa fonction linguistique, à savoir qu'il possédait dans ses acquisitions, et cela de longue date : le parler, l'écrire et le lire. Dans le générique *dyslexie,* Berlin et Buns espéraient circonscrire certaines difficultés pathologiques survenues dans un ensemble qui leur permettait de dresser un tableau clinique particulier concernant l'aphasie, objet réel de leurs préoccupations.

L'adjonction du préfixe *dys* au substantif *lexie* voulait, dans leur esprit, mettre en lumière les signes caractéristiques altérant plus ou moins la fonction parlée dans l'acte du lire chez un sujet antérieurement bien parlant et bien portant. Il s'agissait donc là d'individualiser un événement pathologique bien déterminé.

Par contre, dans le domaine de la psycho-pédagogie — celui qui nous intéresse tout particulièrement — le mot *dyslexie* a subi des péripéties diverses au cours desquelles il est allé jusqu'à rebuter, par sa seule présence, ceux qui désiraient l'utiliser.

---

1. A. Tomatis, extraits de *Éducation et Dyslexie,* ESF, 1972.

... et devenu une notion fourre-tout.

Ainsi, enserrés dans le même signifiant : *dyslexie,* deux signifiés — pour parler linguistique si cela n'est pas trop surcharger notre texte — venaient s'affronter, l'un médical se réservant le droit de désigner cette altération soudaine de la lecture restée jusqu'alors parfaitement intégrée, l'autre pédagogique se donnant pour objectif d'y insérer tous les troubles rencontrés au cours de l'apprentissage de la lecture.

L'écrit n'existe pas en soi. La langue est d'abord orale.

Le signe écrit n'est rien en soi qu'un son à reproduire et il ne semble pas extravagant de comparer l'écriture à un enregistrement sonore. L'écriture apparaît assurément comme la première « bande magnétique » ; elle est cet emmagasinement de sons que le génie humain a su fixer pour la première fois dans l'histoire des civilisations.
Il demeure donc indispensable de songer à tous moments à la puissance verbale, dynamique, riche de sonorité, que représentent les signes écrits afin d'éviter d'encourir le risque d'omettre jusqu'à leur existence même. Une lettre n'est rien en soi, non plus qu'une association de lettres. Ce qui importe, c'est que ce graphisme fixé, voire figé, conventionnellement établi, longuement élaboré, ait une représentation sonore. Le mot qui en serait dépourvu s'éloignerait obligatoirement du langage par son impossibilité de s'insérer dans le monde verbal, oral donc, qui est l'essence même de la langue ; il perdrait ainsi sa raison d'être. Notre connaissance verbalisée du monde n'est qu'une connaissance sonore, la vision répondant uniquement, en matière de langage, à un univers à déchiffrer dont la valeur orale doit être retrouvée.

Lire, c'est prononcer ce qu'on lit.

Une plongée dans le passé du terme *legere,* matrice du mot *lire,* nous rappelle en effet qu'il signifiait « faire la moisson », mieux encore « recueillir par l'oreille ». Peu de remontées aux sources paraissent aussi remarquablement significatives que dans ce cas particulier, et lorsque *legere,* dans un temps plus éloigné de sa genèse, voudra n'être plus que *lire,* il évoquera toujours dans sa charge sémantique le « lire à voix haute ». De même le *lexis* grec qu'il est facile de rapprocher du *legere* latin et qui signifie « dire, parler » évoquera dans son prolongement au niveau du mot *duslectos* la « difficulté de parler ».
Mais pourquoi le lire et l'audition seraient-ils liés ? Parce que lire, c'est dire ce qui est écrit en le comprenant, c'est dire ce qui est écrit

en l'entendant, c'est donc dire ce que découvre l'œil en le rendant intelligible à l'écoute qui le doit intégrer. C'est donc bien recueillir par l'œil ce que l'oreille doit entendre.

C'est par l'oreille que l'individu embraye sur la langue...

Ainsi l'œil voit la lettre, l'oreille l'identifie à un son, la sonorise, la fait vivre, en refait du verbe. L'oreille en vérifie alors, grâce à sa double fonction de contrôle, la valeur significative et lui accorde le visa de l'intégration dans la couche plus élaborée du cortex jusqu'à en assurer, après un contrôle définitif, la valeur de mémorisation synthético-analytique.

Lors de l'acte écrit, l'oreille s'accorde dans un premier temps avec l'appareil phonatoire pour que s'écrive et se couche sur le papier cette lettre, ce mot, ce discours que la main sait traduire en graphismes. En réalité, l'oreille ne doit cesser de bénéficier de la verbalisation de cette impression littérale qui, à la manière de Hugo, de Flaubert et de bien d'autres auteurs, doit se faire à voix haute, comme sur la propre dictée d'une pensée que l'on imprime. Même si cette transcription est réalisée d'une façon silencieuse, elle ne doit jamais manquer d'évoquer auditivement la coulée verbale, au risque de faire perdre le fil conducteur du logos évoqué, si ce contrôle venait à céder.

... et que « la langue s'imprime neuroniquement ».

Ce n'est donc pas sur le papier qu'il faut chercher la lettre, mais dans l'oreille. Là elle s'imprime neuroniquement, si profondément et de manière si vivante qu'elle permet de reproduire au niveau de l'appareil phonatoire, suivant les contre-réactions que nous connaissons, une véritable entité, une individualité que nous appelons *phonème* ou même *individu phonétique* pour reprendre l'expression de Jacques Damourette et Édouard Pichon.

Les difficultés de lecture qui définissent la dyslexie concernent à la fois l'œil et l'oreille.

Les défauts de ces mauvais montages liés aux asservissements « oreille-œil » mal construits ou insuffisamment verrouillés vont constituer toutes les sortes de « dyslexies » rencontrées, à savoir :
1° Si aucune superposition « son-image » n'est possible, le signe est indéchiffrable et sans valeur sémantique pour le lecteur mis en cause. La « dyslexie » est totale.
2° Si le déchiffrage est lent au point que la progression s'effectue lettre après lettre, l'apparition du groupe de lettres ne se réalise pas

et le lecteur ânonne lamentablement sans qu'aucune étincelle jaillisse du mot.

3° Si la superposition existe quant à l'évocation « audition-vision », mais offre, dans le montage, des laxités trop grandes, des glissements ne permettant pas d'assurer une rigidité suffisante pour qu'au niveau de la lettre ou au sein du groupe de lettres il y ait certitude qu'un même son soit réellement supporté par un même graphisme, des erreurs s'introduisent dans le déchiffrement. [...] En ce qui concerne les lettres, celles qui se différencient habituellement entre elles par la longueur du déroulement dans le temps seront confondues, telles :

les *p* et les *b*

les *t* et les *d*

Le trait distinctif qui individualise les sons que représentent respectivement ces lettres par rapport à leurs proches acoustiques s'avère parfois insuffisamment remarquable et par là peu significatif, si bien que les correspondances de leur « accouplement visuel et auditif » sont indifféremment ressenties ; la distinction temporelle entre sourdes et sonores notamment est rendue aléatoire sinon impossible.

Les difficultés qui surgissent au niveau de la lettre se retrouvent lorsqu'une sourde ou une sonore se trouve introduite dans des associations telles que :

pr, br

tr, dr

pl, bl

PAGÈS : Pour résumer, si j'ai bien compris ton point de vue, tu n'as rien contre la lecture rapide, à condition qu'elle soit pratiquée par des adultes, ou des enfants qui sachent déjà la langue, pour retirer le plus d'informations possible d'un texte. A condition que ces gens sachent lire aussi d'une manière traditionnelle, à haute voix s'ils le veulent, qu'ils puissent utiliser une lecture de plaisir, la seule à ton avis qui soit formatrice et enrichisse la langue d'un individu... C'est vrai en ce qui me concerne, je pratique les deux. C'est vrai aussi qu'un des critères qui me font sentir que je suis en face d'un texte vraiment littéraire, vraiment réussi, c'est justement que je ne peux pas le lire en lecture rapide. En tout cas c'est mon expérience personnelle... Plus le texte est bien, plus je suis obligé de ralentir. Il m'arrive de relire une page à petite vitesse — et quand j'en suis au mot à mot, alors là, je suis sûr que j'ai un chef-d'œuvre sous les yeux. Parce que la notion de redondance — sur laquelle se fonde la lecture rapide — n'a plus de sens en littérature. Tu as des textes qui fonctionnent justement grâce à la redondance. Ce que j'aimerais que tu précises un peu, c'est cette manière dont la langue se transmet, dis-tu, par la pratique de l'oral — concrètement, la façon dont le courant passe. Quand il passe...

DUNETON : Je ne sais pas, c'est impossible à dire... Tu t'aperçois que ça coule en toi. Comment ? C'est un peu

mystérieux... Il se produit une sorte d'imprégnation. Je crois
que le rythme joue un rôle essentiel... J'ai un peu débuté
dans l'existence par le théâtre — d'où je tire une partie de ce
que je sais sur ces questions de voix et de diction. Bref j'ai
appris et un peu pratiqué le métier de comédien. J'ai été très
impliqué, pendant des années, dans les problèmes de pose de
voix, d'articulation, de respiration, etc., qui sont comme des
sortes de gammes, de préparation de l'instrument du comédien de théâtre — cela dans le sillage d'un homme extrêmement versé dans ces domaines, qui s'appelle Jean Lagénie.
Or donc, tous les comédiens connaissent ce phénomène
d'imprégnation par un texte... Par exemple quand on travaillait des scènes en vers, des scènes classiques, au cours d'une
matinée, il arrivait qu'on continue entre copains à parler en
alexandrins à table pour se marrer. On allait bouffer, on se
faisait la conversation en douze pieds et en rimes : « Voulez-
vous, je vous prie, me passer le couteau ? — Volontiers, mon
ami, l'eussiez-vous dit plus tôt / Vous auriez à présent
l'instrument dans la main », etc. Des fantaisies, quoi. On
s'aperçoit que c'est extrêmement facile. Des tas de gens ont fait
ça... Si on est lancé, on peut dégoiser en alexandrins pendant
des heures. Il suffit justement de se lancer, ce qui arrive si on
dit des vers pendant assez longtemps — je dis bien si on
« dit », si on les profère, avec remuements de gosier. C'est
tellement vrai que lorsque tu joues une pièce, pendant la
période des répétitions, puis ou moment où tu joues, tu es
entièrement noyé par le texte de la pièce, tu es sur les ondes
de l'auteur, tu fonctionnes sur un charme... Si tu écris des
lettres à tes amis pendant cette période-là, elles vont avoir un
ton en rapport, une humeur. Surtout quand tu es un tout
jeune comédien, naturellement. C'est ça l'« imprégnation »
— c'est même parfois une emprise : si c'est un texte très fort,
tu as du mal à t'en détacher. D'où un problème quand tu
veux écrire toi-même... Tu es condamné à écrire sous
influence, et tu as du mal à trouver ton propre rythme, ton

propre ton. Tous les comédiens qui écrivent cessent plus ou
moins de jouer, sauf dans leurs propres pièces, s'ils écrivent
des pièces, sans quoi au bout d'un moment il y a trop
d'interférences.

Certains professeurs conseillaient autrefois à leurs étu-
diants de mettre à profit cette méthode d'imprégnation de la
manière suivante : ils leur recommandaient d'apprendre par
cœur de longs extraits d'un auteur réputé pour l'élégance et
la pureté de son style, carrément plusieurs pages, ou tout un
chapitre, en prose naturellement, et de se les réciter tous les
soirs ponctuellement dans leur lit, avant de s'endormir...
Cela afin d'améliorer leur style d'écriture. Le texte « infuse »
pendant le sommeil, il imbibe le dormeur, encore une fois ce
n'est pas neuf, on retombe sur les pratiques de la méthode
Assimil. Bien sûr, il s'agissait d'améliorer son style de
dissertation, et les modèles à se farcir étaient des gens
remarquables pour le ronflement de leur cadence : Taine,
Renan — tout ça dans les grands prix ! Quand j'étais en
première, un prof tout à fait sensationnel (mais pas un prof
de français) nous avait donné le truc en nous conseillant
d'apprendre et de susurrer tous les soirs la... *Prière sur
l'Acropole* de Renan ! Texte qu'il considérait comme un des
très hauts morceaux jamais écrits en langue française, et qui
est effectivement d'une harmonie et d'une cadence parfaites
dans le genre écriture classique. « Je suis né, déesse aux yeux
bleus, de parents barbares, chez les Cimmériens bons et
vertueux, qui habitent au bord d'une mer sombre, hérissée
de rochers, toujours battue par les orages. » Je crois que
c'est ça le début... Parce que je l'ai fait ! Je l'ai fait, en
vacances, plus tard. Et ça marche ! Pour les mêmes raisons
obscures que j'ai dites tout à l'heure : le rythme, la musique
s'impriment en toi — et au bout de quelque temps tu as
tendance à bâtir des phrases bien roulées, superbes. Et là, ça
pose un problème justement, le même que pour la récitation
« ordinaire » : un problème d'esthétique et de choix de

langue. Quelle que soit la beauté authentique du texte de Renan... ça date un peu. Mais rien n'empêche d'appliquer la méthode à des écritures plus joyeusement contemporaines. Rien n'empêche d'apprendre et de réciter tous les soirs des pages de Queneau, ou de Céline... Céline, dont le pas diabolique te colle au corps ! Même sans l'apprendre, rien qu'en travaillant sur des textes de Céline, t'écrirais plus qu'avec trois points !... J'ai fait apprendre des extraits de Céline à une classe, une fois. C'était des quatrièmes, quatorze, quinze ans... C'étaient eux qui avaient demandé. Je leur avais présenté un texte, ils étaient tellement épatés qu'on puisse écrire comme ça : absolument charmés par cette langue proche — qui paraît proche. Une langue de plaisir en tout cas. Comme je leur faisais apprendre des tas de trucs par cœur de toute façon, ils avaient réclamé ce passage de Céline avec une espèce de véhémente unanimité pour leur prochain pensum.

Pour en revenir au théâtre, qui est tout de même le lieu privilégié de rencontre de la parole et du texte, je voudrais parler de l'imprégnation qui produit le sens... J'avais été très frappé en lisant — lentement ! — les écrits de Louis Jouvet sur le théâtre, de sa façon de concevoir l'interprétation des textes classiques en particulier. Il recommandait une sorte de lecture à plat, très articulée, sans intonation particulière au début, et considérait que le texte lui-même imposerait son rythme, à force de répétitions quasiment mécaniques, que les sentiments naîtraient tout seuls du phrasé, et que le sens profond apparaîtrait au bout d'un certain temps de cette mise en bouche plutôt imbécile au premier abord. C'est une chose assez fascinante à imaginer, mais qui fait un peu douter de sa réalité pratique. Jouvet n'étant pas généralement un faiseur, un homme à se faire plaisir avec des phrases creuses et des conseils de panache, cette idée m'avait toujours intrigué jusqu'à ce que je la voie un jour réaliser pour de bon... J'avais fait une adaptation des *Beaux Draps,* de Céline

justement — un des pamphlets très peu connus —, j'avais fait
un montage pour trois comédiens, dont Jean-Paul Wenzel,
qui sortait alors de l'École d'art dramatique de Strasbourg, et
qui a fait la mise en scène [1]. C'est-à-dire qu'il a dirigé pendant
un mois et demi deux autres comédiens et lui-même, en
faisant lire puis dire le texte de Céline, inlassablement, sans
hâte, sans un geste, sans que personne cherche à mettre une
intonation précise : juste à articuler le texte, à le respirer, à
se le mettre en bouche, assis en rond, sans la moindre
gesticulation ni mise en place, à dire le texte, plusieurs fois
par jour, pendant de longues heures de travail, dire le texte
et attendre que ça vienne... Au bout d'un mois, rien n'était
venu de spécial. Huit jours avant le début du spectacle, la
mastication-profération suivait son cours normalement, mais
ça commençait à devenir préoccupant. Il ne venait pas grand-
chose. Jean-Paul commençait à se tendre, il devenait silen-
cieux, et moi j'avais quelques pincements... On avait fait pas
mal de battage, les amateurs étaient nombreux pour ce
Céline rare. — Là-dessus le gérant du lieu a piqué sa crise, en
homme sympathique mais qui ne connaissait strictement rien
à l'art dramatique. Il a vu une de ces répétitions monocordes,
il croyait avoir affaire à des zozos qui savaient pas faire les
gestes, et pousser des *ho* et des *ha* ! Il nous engueulait... Les
autres, des comédiens chevronnés qui tentaient l'expérience,
voulaient se barrer — mais qui était cet énergumène ? La vie
d'artiste est tellement traversée de producteurs à côté de
leurs pompes qui étranglent des chefs-d'œuvre avant la
naissance ! Enfin le taulier voulait des gestes, et des clins
d'yeux, et que ça s'agite, bon dieu ! Il a failli tout faire rater.
Trois jours avant la première, la tension était extrême. On
avait branlé ce texte tout ce temps-là, et rien n'était encore
venu. Vent de panique... Et puis voilà, en deux jours, sous la

1. C'était à l'automne 1970, dans une librairie-théâtre, à Paris, et la
toute première mise en scène de l'auteur de *Loin d'Hagondange*.

pression de cette urgence un peu spéciale qui précède l'arrivée du public, tout ça s'est détendu et délié. Le texte de Céline s'est mis à chanter dans cette petite cambuse en sous-sol — sans effets, avec une justesse de ton, une grâce... C'était beau !... Des mouvements qui sont venus d'eux-mêmes se placer au poil où il fallait qu'ils tombent. J'aime pas beaucoup les comparaisons horticoles, mais là, vraiment : une fleur qui s'ouvre, qui s'étale — oui, une fleur qui éclôt. Après ce long cheminement obscur, *à cause* de ce cheminement bizarre, sans éclat, ce voyage au bout des neurones, il y avait une éclosion du texte en spectacle. Un texte dru, sans bavure, d'un sens coupant... On était rudement soulagés. Jouvet avait raison. Wenzel aussi en l'occurrence... Le taulier était ravi — sauf qu'il avait pas bien saisi le sens de la métamorphose, il disait : « Voyez, c'était facile ! Je vous l'avais dit — faut faire des gestes. »

Les méthodologistes de la ligne droite, vite fait bien fait, lecture ultrasonique, pas un pet d'écho, à six-sept ans pas le temps de se remplir les poumons d'un poème... Je veux dire, Foucambert et ses associés, ils poussent mémé un peu vite, non ?...

Vous avez dit bizarre ?

Louis Jouvet, comédien et metteur en scène, a écrit une foule de notes et de réflexions sur son travail, lesquelles ont été recueillies et publiées juste après sa mort, ainsi que le contenu pris en sténo de certains de ses cours au Conservatoire de Paris.

Voici un extrait de ce qu'il disait à propos du travail sur *le Misanthrope* pendant la classe du 3 avril 1940 (les Allemands n'avaient pas encore attaqué la Belgique, mais ils guettaient derrière la frontière) [1] :

... comme le « boulanger qui pétrit la pâte »...

Il faut trouver le rythme, la respiration, pour l'échange des répliques dans ce qu'elles ont de direct.

Tu ne sentiras le sens du texte qu'en essayant de le dire, pas de le jouer. Si tu essaies de le jouer, tu y mettras une boursouflure, une respiration particulière qui ne correspondent pas avec les mots. C'est par la sonorité des mots, par l'exercice respiratoire nécessaire pour dire ces mots que tu trouveras le sentiment ; le sentiment ne sera pas celui que tu y apporteras par ta petite sensibilité personnelle.

Autrefois, au Conservatoire, j'ai entendu des types dire : « Oh ! moi, Alceste, ce n'est pas ça du tout ; pour moi c'est un type qui... » Eh bien ! ça ne te mènera à rien.

Prends donc la scène, apprends-la, et essaie d'imaginer le sentiment du personnage au fur et à mesure que tu dis le texte. C'est déjà beaucoup.

Cette classe devrait être une classe de diction. Quand tu auras bien fait de la diction sur le premier acte d'Alceste, à un moment donné, de toi-même, tu sentiras naturellement venir le sentiment de la scène, le sentiment de ce que veulent dire les répliques. Mais ce ne sera pas ce sentiment premier que tu apportes, que tu veux ajouter dans les répliques, et qui t'empêchera toujours de jouer la scène.

1. Louis Jouvet, *Molière et la Comédie classique*, Gallimard, 1965, p. 14-22-29.

La vue d'une représentation du *Misanthrope* vous fausse également, soit que l'acteur vous ait satisfaits, soit qu'il vous ait irrités. Si
ça vous a plu, vous imitez malgré vous, si ça vous a déplu, vous
changez l'orientation de ce sentiment, mais il n'y a pas un travail
préalable, mécanique, qui est aussi bête que celui du boulanger qui
pétrit la pâte.

Le théâtre, c'est d'abord un exercice de diction qui est équivalent au
pétrissage. Quand, au bout d'un certain temps, cette substance
dramatique est bien assimilée, est bien mélangée en vous, quand
on l'a réduite par la bouche et les poumons, je vous assure qu'on
arrive à un sentiment, qui n'est pas du tout celui qu'on peut avoir à
priori. C'est toujours ainsi qu'il faut pratiquer avec les personnages
de théâtre qui sont des héros.

Il ajoutait, quelques jours plus tard, le 10 avril 1940 (l'ennemi
n'avait toujours pas attaqué) :

... « *un certain mouvement intérieur* »...

Il faut *trouver le mécanisme du rôle ; ce qu'a fait l'auteur ; trouver le
sentiment qu'il avait, lui, en l'écrivant.* Tu n'y arriveras qu'en te
privant d'intentions, de ces petits détails surajoutés au rôle et qui
t'empêchent d'aller plus loin.

Que ce soit pour Racine ou Molière, il faut arriver à trouver cette
humeur initiale dans laquelle un texte est écrit, dans laquelle il a été
joué. C'est *un certain mouvement intérieur, une certaine disposition
physique* dans laquelle était l'auteur quand il a écrit.

*C'est cela la correspondance entre l'état physique du comédien au
moment où il joue et l'état physique dans lequel était l'auteur au
moment où il écrivait.*

CLAUDIA : On n'en sait rien !

L.J. : C'est une équivalence qui est sensible dans le texte. L'auteur
dramatique qui écrit, écrit dans une longueur d'onde, dans une
sonorité donnée parce qu'il est dans un certain état sensible. Que
reste-t-il pour retrouver le sentiment ? Ce qu'il a écrit. Par conséquent, *prends ce qu'il a écrit objectivement,* essaie de le respirer, de
le sonoriser.

Si tu le fais sans y apporter tes idées, tes intentions, tu verras que
petit à petit tu arriveras au sentiment qu'a eu l'auteur en écrivant. Tu
ne peux pas te tromper. *Quand tu auras* ce sentiment général, *cette
technique générale du morceau,* tu essaieras de te laisser porter
par le sentiment qui te sera venu uniquement de l'amorce technique, mécanique. A ce moment-là, tu pourras perfectionner.

Le 17 avril, alors que la débâcle était imminente, il précisait à l'acteur qui travaillait Alceste :

> Ta respiration mécanique est insuffisante. On sent, tout le long du morceau, que tu es gêné respiratoirement. Et cela parce que tu ne prends pas assez d'inspiration. Tu le sens ? Tu as une respiration abdominale, ce qui est bien, mais on sent que tu comprimes ton abdomen pour arriver au bout du morceau. *Si ta respiration n'est pas bonne, pas bien établie* — je ne dis pas respiration sensible — tu n'auras jamais une véritable *respiration physique ou psycho-physiologique du personnage*. Je vais t'expliquer : ce qui est magnifique, dans ce morceau, c'est que si tu le respires comme il faut, si tu as suffisamment de souffle pour arriver au bout dans une inflexion juste, si tu ne le halètes pas, tu atteindras, petit à petit, un état respiratoire avec un mouvement, un rythme. Ce rythme, enregistré à l'oscillographe, te donnerait l'amplitude de ta respiration, et si tu prenais en même temps celle d'un homme en colère, que tu prennes de lui le même graphique, tu verrais que tu aurais exactement les mêmes sillons, la même courbe.
> Si tu dis ce texte avec le rythme, la respiration qu'il implique, au bout d'un certain temps tu auras naturellement cet état d'indignation qui fait que les pectoraux se gonflent. *C'est ce que j'appelle l'état psycho-physiologique du personnage.*

Jouvet dut s'interrompre parce que les Allemands étaient là et que tout le monde fuyait vers le sud — mais il a repris les thèmes essentiels de ces conseils pris sur le vif dans les passages suivants du *Comédien désincarné*[1] :

> L'œuvre, *le texte* pour le comédien, n'est qu'une *empreinte ;* il faut s'y mouler par un travail d'abord physique.
> C'est avec prudence qu'il faut surveiller son sentiment.
> Tout est d'abord physique pour le comédien, tout doit l'être.
> Les erreurs commises sur une pièce ou dans un rôle le sont presque toujours par réaction sensible trop vive ou trop rapide, ou par des interventions où la logique et la raison veulent déduire.
> Travailler, c'est au contraire chercher par un travail physique une action (répétition c'est cela), c'est chercher à pénétrer et à atteindre le sens et le sentiment d'une œuvre qui porte en soi toutes les significations et toutes les sensibilités nécessaires et où celle de l'acteur doit s'alimenter au lieu de vouloir nourrir l'œuvre elle-même de ce qu'il éprouve ou croit éprouver.

1. Flammarion, 1954, p. 148 et 162-163.

Le texte.

Représenter : création, naissance d'une œuvre.

Profération : prononcer, articuler.

Dire les phrases, prononcer les mots, les rendre sonores par l'exercice des lèvres, de la gorge et du larynx, de la raquette de la langue qui vanne les paroles, les dégeler de leur gangue imprimée par la chaleur des sentiments, les faire entendre (les jeter aux échos), leur faire faire écho dans la salle et la mémoire (la masse sensible) des spectateurs, créer ainsi les mots, articuler, entrechoquer les sons, donner leur sens aux répliques en les échangeant, il faut que ce tumulte ordonné, ce feu d'artifice (des syllabes) de cette mécanique des mots se fasse, pour que l'œuvre naisse, prenne corps, pour qu'elle existe ; c'est par la profération seule que l'action naît, que l'œuvre commence à vivre physiquement pour les acteurs et pour le spectateur ; le lecteur ne compte pas dans cette création, il ne fait que tourner autour de son imagination et de ses pensées. L'acteur mâche les phrases et les incorpore à ses sentiments par cet exercice physique, par cette fécondation, artificielle peut-être, mais nécessaire pour que la pièce passe à la vie, qu'elle quitte l'état larvaire de l'impression, l'état embryonnaire des gestes, où elle se trouve sur le papier. Même si l'acteur se trompe sur les mots, s'il accuse leur sens, cela suffit au phénomène de cette création.

PAGÈS : Je ne vais pas te demander de rédiger un programme pour l'enseignement du français, mais je voudrais des choses plus précises, par exemple sur la lecture des enfants, qu'ils font eux-mêmes ou qu'on peut leur faire quand ils sont petits... Il y a le problème de la « littérature enfantine », qui est aujourd'hui une littérature faite pour les enfants, spécialement, avec un marché, des éditeurs spécialisés, des auteurs, etc.

DUNETON : Je connais mal ce milieu-là. Et même pas du tout... Ce que je sais, c'est que la lecture pour un jeune enfant c'est un luxe. Un luxe nécessaire quoi qu'on en dise pour qu'un certain état de langue lui soit chevillé au corps. Ce qu'on vient de raconter c'est une relation texte et adultes — je veux bien que les comédiens soient des gens qui transportent leur enfance un peu plus longtemps que les autres, mais tout de même ! Tu imagines l'influence sur un môme jeune, malléable... Je vois mes fils, ils ont passé leur petite enfance dans le grand luxe à cet égard. On leur a beaucoup lu, énormément, avec l'âge scolaire ; ils ont lu tout seuls après, vraiment des masses de bouquins... Ça leur a permis de tenir le coup ensuite face à l'agression brutale de leurs professeurs ! Avec des corrections dans les marges, gratinées dans le genre qu'il faut. Ça a été dur, ils y ont laissé leurs plumes, mais ça les a pas empêchés de continuer leurs études (pas en lettres, tout de même !)... Ils ont vécu la double contrainte, mais pas dans le *schizo doloroso*... Grâce à leurs lectures antérieures, ils faisaient plutôt dans le *schizo cantabile*, je pourrais dire. Si le traumatisme n'a pas été trop grand, c'est, je crois bien, parce que les choses avaient été solidement chevillées en eux par les années passées à s'entendre lire des histoires par leur grand-mère.

PAGÈS : Mais alors ce n'est pas du grand luxe, c'est de toute première nécessité.

DUNETON : Oui, mais pour les garçons dont je parle, c'étaient des conditions que la société contemporaine ne permet plus que rarement... Ils étaient à la campagne, la vraie, avec des bois. Libres comme l'air, sans école ni garderie — jusqu'à six ans ! Et une grand-mère en permanence, à disposition, qui lisait pendant des heures et des heures, à haute voix, tout ce qu'ils demandaient. La même histoire quinze fois de suite... Elle implorait un peu quelquefois. Elle se lassait à certains moments. C'étaient des conditions un peu exceptionnelles, les parents peuvent pas faire ça. Ils ont du boulot, de la fatigue, et pas de patience... Évidemment, dès qu'ils ont eu six ans, ils ont appris à lire en quelques semaines parce qu'ils n'en pouvaient plus d'avoir envie ! La grand-mère n'allait plus assez vite, ils voulaient avoir accès aux bouquins eux-mêmes. C'est ce que j'appelle le luxe.

PAGÈS : Mais il y a des gens qui ont le temps — souvent des mères au foyer — et qui ne pensent pas à l'importance de ces lectures aux enfants. Ces mères pensent que c'est une affaire de spécialistes... Elles ne savent pas quoi lire la plupart du temps.

DUNETON : Je ne pense pas que les histoires en elles-mêmes soient aussi importantes qu'on le dit parfois... Le contenu, à mon avis, importe assez peu. La manière dont elles sont écrites, la langue, alors oui. Des histoires débiles peuvent avoir un charme fou pour un petit enfant, tout dépend de ce qu'il en fait, lui, dans sa tête. Je crois que c'est au gosse à choisir ce qu'il veut réentendre, et que l'adulte ne doit pas trop imposer son goût — si le môme a l'impression qu'on le manœuvre, que c'est pas vraiment lui qui décide de son plaisir... L'intérêt n'est plus le même. Il faut pas tricher avec la liberté. Avec un adulte on peut, avec un gamin... Il sent la vieille ruse !... En tout cas l'idée qu'il y a un âge pour lire certaines choses, pour présenter des mots difficiles ou rares... Tel âge et pas avant : ça c'est un poison instillé par la pédagogie. C'est comme ça qu'on fabrique la notion d'une langue tellement élémentaire qu'elle ne fonctionne plus en tant que langue. Toute cette littérature de « l'homme pêche à côté du chêne » : sujet-verbe-complément. On voit le résultat. Encore une fois, c'est l'histoire de Freinet et de la bicyclette... Ah c'est une petite parabole de Freinet contre les pédagogues qui m'enchante, et que je raconte tout le temps parce qu'elle résume tout [1] !

Soyons francs : si on laissait aux pédagogues le soin exclusif d'initier les enfants à la manœuvre de la bicyclette, nous n'aurions pas beaucoup de cyclistes.
Il faudrait, en effet, avant d'enfourcher le vélo, le connaître, n'est-ce pas, c'est élémentaire, détailler les pièces qui le composent et avoir fait avec succès de nombreux exercices sur les principes mécaniques de la transmission et de l'équilibre.
Après, mais après seulement, l'enfant serait autorisé à monter en vélo. Oh ! soyez tranquille ! On ne le lancerait pas inconsidérément sur une route difficile où il risquerait de blesser les passants. Les pédagogues auraient mis au point de bonnes bicyclettes d'étude montées sur cales, tournant à vide

---

1. Célestin Freinet, dans *les Dits de Matthieu,* sous le titre : « Faites sauter les cales. »

et sur lesquelles l'enfant attendrait sans risque à se tenir en selle et à pédaler.

Ce n'est, bien sûr, que lorsque l'élève saurait monter à bicyclette qu'on le laisserait s'aventurer librement sur sa mécanique.

Heureusement, les enfants déjouent d'avance les projets trop prudents et trop méthodiques des pédagogues. Ils découvrent dans un grenier un vieil outil sans pneu ni frein et, en cachette, ils apprennent en quelques instants à monter à vélo, comme apprennent d'ailleurs tous les enfants : sans autre connaissance de règles ni de principes, ils saisissent la machine, l'orientent vers la descente et... vont atterrir contre un talus. Ils recommencent obstinément et, en un temps record, ils savent marcher à vélo. L'exercice fera le reste.

Pour en revenir à la littérature enfantine, il faut dire aussi que le commerce n'aide pas forcément. Il existe des tabous de langage, là aussi, qui valent leur pesant de bâtons dans les roues. Ça me rappelle une histoire qui est arrivée à un de mes amis, Roland, qui traduit de l'anglais. Des romans, etc. Un jour, une maison d'édition spécialisée dans la littérature pour enfants lui demande de traduire un petit roman très beau, exceptionnellement — ces maisons ont leurs traducteurs « enfantins », spécialisés aussi, mais là ils voulaient faire un effort, et se payer un vrai traducteur littéraire. Roland lit le bouquin, le trouve en effet magnifique et accepte la traduction. C'était un texte à la première personne : une petite fille de huit ans qui parle... Il se met bien dans le coup, essaie de trouver des équivalences de langage, bosse plus que pour un bouquin ordinaire, rend la copie et, quelques semaines plus tard... reçoit les épreuves. Surprise, surprise ! On avait complètement transformé son texte ! Qui *on* ? Le correcteur habituel de la maison d'édition. C'est-à-dire qu'il avait supprimé les mots « familiers » pour les remplacer par les mots moribonds du français scolaire, et rétabli toutes les inversions : *Qui c'est ?* était devenu *Qui est-ce ? Qu'est-ce que tu fais ? : Que fais-tu ?* Enfin le texte était estropié. Mon ami a demandé des explications, on lui a répondu que c'était normal, qu'on procédait toujours ainsi dans la littérature enfantine. Parce que les enfants doivent lire une langue scolaire et pas une autre. Il a eu toutes les peines du monde à faire rétablir son texte, partiellement et à titre exceptionnel. Voilà : sujet-verbe-complément... Je voudrais pas insister, mais ça pose un problème...

PAGÈS : La tendance actuelle c'est précisément de classer la littérature enfantine selon les âges. Ça devient comme les médicaments : ne pas donner au-dessous de sept ans, etc. Bientôt on demandera le nombre de mois — il existe des rayons pour chaque tranche d'âge, et les éditeurs prennent bien soin d'indiquer l'âge sur le livre, comme les pharmaciens.

DUNETON : Enfin ces pratiques s'installent parallèlement à un échec sans précédent : à un échec de l'enseignement de la langue qui devient... un canular ! Il y a une relation profonde. Tant de stupidité, forcément, finit par devenir néfaste. Servir la langue à doses prédécoupées, tu parles !... C'est les schizos en plein mouvement giratoire ! Les schizos *con moto* — et avec le casque... Il s'agit là, du reste, d'un souci de clarté qui a des origines anciennes, qui prend ses sources, à nouveau, dans le souci de logique du XVIIIe siècle. C'est Rousseau et sa fameuse diatribe contre les *Fables* de La Fontaine, jugé immoral et obscur ! Je me permets de n'être pas du tout d'accord avec Jean-Jacques Rousseau et son commentaire célèbre — que personne ne lit, mais c'est de confiance — sur *le Corbeau et le Renard*[1]. « Maître Corbeau sur un arbre perché », c'est épatant, même si on pense que c'est l'arbre qui est perché ! Le môme rétablira l'équilibre plus tard. Justement ça lui fera une surprise, à un moment de

---

1. Voir le document 12, ci après.

sa vie, de se rendre compte. Ce qui est important c'est que cette musique aide à enrichir le sentiment de la langue. — Cette histoire de corbeau, même si ça évoque au môme le « beau corps » de quelqu'un... De sa petite sœur qui mange du fromage ? Peu importe... Je trouverais triste qu'un gosse de quatre ans comprenne qu'il s'agit d'un corbeau perché sur un arbre, en fait — et je trouverais encore plus désastreux qu'un pédagogue passant par là avec ses gros brodequins à pédagogie fasse un dessin : un corbeau sur un arbre. Un dessin tout bête. Et le gosse, il finit par n'en avoir rien à foutre ! Allez, caca !... Parce que ça l'empêche de voir le « corps beau » de sa petite sœur couverte de « fromage » et c'est ça qu'est triste ! « Mettre corps beau... » C'est contre ça qu'il faut lutter ! (*Rires divers.*) — Sans blague, si on veut tout présenter avec logique, l'enfant refuse. Quelque chose en lui ne s'enclenche pas... Parce qu'il y a une violence qui lui est faite... Je connais même un psychiatre qui pense que les mathématiques sont une sublimation de la violence. — Je crois beaucoup plus au bain langagier qu'à la présentation de la langue sous forme de comprimés. Ça me hérisse, ça me révolte cette façon de présenter des livres « pas avant tel âge ». Ce sont vraiment des préoccupations commerciales de basse fonction. C'est un clin d'œil au porte-monnaie, pas autre chose.

Pour montrer sa belle voix

Jean-Jacques Rousseau, qui par parenthèse n'a jamais éduqué qui que ce soit autrement qu'en pensée (ça ne l'a pas toujours empêché d'avoir de bonnes idées), est le premier théoricien de l'éducation rationnelle, et, en accord avec son siècle, de la logique avant toute chose. Voici l'extrait fameux où il retire les fables de l'instruction d'Émile, son pupille imaginaire[1].

Émile n'apprendra jamais rien par cœur, pas même des fables, pas même celles de La Fontaine, toutes naïves, toutes charmantes qu'elles sont ; car les mots des fables ne sont pas plus les fables que les mots de l'histoire ne sont l'histoire. Comment peut-on s'aveugler assez pour appeler les fables la morale des enfants, sans songer que l'apologue, en les amusant, les abuse ; que, séduits par le mensonge, ils laissent échapper la vérité, et que ce qu'on fait pour leur rendre l'instruction agréable les empêche d'en profiter ? Les fables peuvent instruire les hommes ; mais il faut dire la vérité nue aux enfants : sitôt qu'on la couvre d'un voile, ils ne se donnent plus la peine de le lever.

On fait apprendre les fables de La Fontaine à tous les enfants, et il n'y en a pas un seul qui les entende. Quand ils les entendraient, ce serait encore pis ; car la morale en est tellement mêlée et si disproportionnée à leur âge, qu'elle les porterait plus au vice qu'à la vertu. Ce sont encore là, direz-vous, des paradoxes. Soit ; mais voyons si ce sont des vérités.

Je dis qu'un enfant n'entend point les fables qu'on lui fait apprendre, parce que quelque effort qu'on fasse pour les rendre simples, l'instruction qu'on en veut tirer force d'y faire entrer des idées qu'il ne peut saisir, et que le tour même de la poésie, en les lui rendant plus faciles à retenir, les lui rend plus difficiles à concevoir, en sorte qu'on achète l'agrément aux dépens de la clarté. Sans citer cette multitude de fables qui n'ont rien d'intelligible ni d'utile pour les enfants, et qu'on leur fait indiscrètement apprendre avec les autres, parce qu'elles s'y trouvent mêlées, bornons-nous à celles que l'auteur semble avoir faites spécialement pour eux.

1. Jean-Jacques Rousseau, *Émile ou De l'éducation*, 1762.

Je ne connais dans tout le recueil de La Fontaine que cinq ou six fables où brille éminemment la naïveté puérile ; de ces cinq ou six je prends pour exemple la première de toutes, parce que c'est celle dont la morale est le plus de tout âge, celle que les enfants saisissent le mieux, celle qu'ils apprennent avec le plus de plaisir, enfin celle que pour cela même l'auteur a mise par préférence à la tête de son livre. En lui supposant réellement l'objet d'être entendue des enfants, de leur plaire et de les instruire, cette fable est assurément son chef d'œuvre : qu'on me permette donc de la suivre et de l'examiner en peu de mots.

LE CORBEAU ET LE RENARD

Maître corbeau, sur un arbre perché,

Maître ! que signifie ce mot en lui-même ? que signifie-t-il au devant d'un nom propre ? quel sens a-t-il dans cette occasion ?
Qu'est-ce qu'un corbeau ?
Qu'est-ce qu'*un arbre perché* ? L'on ne dit pas *sur un arbre perché*, l'on dit *perché sur un arbre*. Par conséquent, il faut parler des inversions de la poésie ; il faut dire ce que c'est que prose et que vers.

Tenait dans son bec un fromage.

Quel fromage ? était-ce un fromage de Suisse, de Brie, ou de Hollande ? Si l'enfant n'a point vu de corbeaux, que gagnez-vous à lui en parler ? S'il en a vu, comment concevra-t-il qu'ils tiennent un fromage à leur bec ? Faisons toujours des images d'après nature.

Maître renard, par l'odeur alléché,

Encore un maître ! mais pour celui-ci c'est à bon titre : il est maître passé dans les tours de son métier. Il faut dire ce que c'est qu'un renard, et distinguer son vrai naturel du caractère de convention qu'il a dans les fables.
Alléché. Ce mot n'est pas usité. Il le faut expliquer ; il faut dire qu'on ne s'en sert plus qu'en vers. L'enfant demandera pourquoi l'on parle autrement en vers qu'en prose. Que lui répondrez-vous ?
Alléché par l'odeur d'un fromage ! Ce fromage, tenu par un corbeau perché sur un arbre, devait avoir beaucoup d'odeur pour être senti par le renard dans un taillis ou dans son terrier ! Est-ce ainsi que vous exercez votre élève à cet esprit de critique judicieuse qui ne s'en laisse imposer qu'à bonnes enseignes, et sait discerner la vérité du mensonge dans les narrations d'autrui ?

Lui tint à peu près ce langage :

Ce langage ! Les renards parlent donc ? ils parlent donc la même langue que les corbeaux ? Sage précepteur, prends garde à toi ; pèse bien ta réponse avant de la faire ; elle importe plus que tu n'as pensé.

> *Eh ! bonjour, monsieur le corbeau !*

Monsieur ! titre que l'enfant voit tourner en dérision, même avant qu'il sache que c'est un titre d'honneur. Ceux qui disent *monsieur du Corbeau* auront bien d'autres affaires avant que d'avoir expliqué ce *du*.

> *Que vous êtes joli ! que vous me semblez beau !*

Cheville, redondance inutile. L'enfant, voyant répéter la même chose en d'autres termes, apprend à parler lâchement. Si vous dites que cette redondance est un art de l'auteur, qu'elle entre dans le dessein du renard qui veut paraître multiplier les éloges avec les paroles, cette excuse sera bonne pour moi, mais non pas pour mon élève.

> *Sans mentir, si votre ramage*

Sans mentir ! on ment donc quelquefois ? Où en sera l'enfant si vous lui apprenez que le renard ne dit *sans mentir* que parce qu'il ment ?

> *Répondait à votre plumage,*

Répondait ! que signifie ce mot ? Apprenez à l'enfant à comparer des qualités aussi différentes que la voix et le plumage ; vous verrez comme il vous entendra.

> *Vous seriez le phénix des hôtes de ces bois.*

Le phénix ! Qu'est-ce qu'un phénix ? Nous voici tout à coup jetés dans la menteuse antiquité, presque dans la mythologie. *Les hôtes de ces bois !* Quel discours figuré ! Le flatteur ennoblit son langage et lui donne plus de dignité pour le rendre plus séduisant. Un enfant entendra-t-il cette finesse ? sait-il seulement, peut-il savoir ce que c'est qu'un style noble et un style bas ?

> *A ces mots, le corbeau ne se sent pas de joie,*

Il faut avoir éprouvé déjà des passions bien vives pour sentir cette expression proverbiale.

> *Et, pour montrer sa belle voix,*

N'oubliez pas que, pour entendre ce vers et toute la fable, l'enfant doit savoir ce que c'est que la belle voix du corbeau.

> *Il ouvre un large bec, laisse tomber sa proie.*

Ce vers est admirable, l'harmonie seule en fait image. Je vois un grand vilain bec ouvert ; j'entends tomber le fromage à travers les branches : mais ces sortes de beautés sont perdues pour les enfants.

Le renard s'en saisit, et dit : Mon bon monsieur,

Voilà donc la bonté transformée en bêtise. Assurément on ne perd pas de temps pour instruire les enfants.

Apprenez que tout flatteur

Maxime générale ; nous n'y sommes plus.

Vit aux dépens de celui qui l'écoute.

Jamais enfant de dix ans n'entendit ce vers-là.

Cette leçon vaut bien un fromage, sans doute.

Ceci s'entend, et la pensée est très bonne. Cependant il y aura encore bien peu d'enfants qui sachent comparer une leçon à un fromage, et qui ne préférassent le fromage à la leçon. Il faut donc leur faire entendre que ce propos n'est qu'une raillerie. Que de finesse pour des enfants !

Le corbeau, honteux et confus,

Autre pléonasme ; mais celui-ci est inexcusable.

Jura, mais un peu tard, qu'on ne l'y prendrait plus.

Jura ! Quel est le sot de maître qui ose expliquer à l'enfant ce que c'est qu'un serment ?

Voilà bien des détails, bien moins cependant qu'il n'en faudrait pour analyser toutes les idées de cette fable, et les réduire aux idées simples et élémentaires dont chacune d'elles est composée. Mais qui est-ce qui croit avoir besoin de cette analyse pour se faire entendre à la jeunesse ? Nul de nous n'est assez philosophe pour savoir se mettre à la place d'un enfant.

DUNETON : A l'âge de trois ans et demi, on me faisait réciter *la Mort du loup*, d'Alfred de Vigny ! Enfin, *on me faisait :* pas avec un fouet. Ça n'avait rien d'obligatoire... C'étaient les grands qui avaient à l'apprendre pour l'école, alors pour s'amuser ils me l'avaient appris à moi aussi...

> *Le loup vient et s'assied, les deux jambes dressées,*
> *Par leurs ongles crochus dans le sable enfoncées.*
> *Il s'est jugé perdu puisqu'il était surpris,*
> *Sa retraite coupée et tous ses chemins pris,*
> Etc.

On me faisait monter sur une table, c'était marrant un tout petit môme qui débite ça, en essayant de prendre un ton terrible ! C'étaient mes voisins... Rosette. Elle avait dans les dix ans, et j'étais sa grosse poupée. Elle devait jouer à la maîtresse sûrement. Je dis ça pour expliquer : y avait pas d'adultes, de coordination, d'explications, de névrose de rien du tout : c'était un jeu de mômes cette aventure. Je comprenais à ma façon, c'était formidable ! Le *sable enfoncé,* c'était comme *l'arbre perché...* Je voyais le loup, assis, sur du sable qui formait comme une légère cuvette, il était bien. C'était du *sable enfoncé.* Comme j'ai récité ce truc jusqu'à six ans et quelque, mon « intelligence du texte » a progressé à mesure... Donc il était surpris, le loup, il était étonné de

s'être perdu, lui qui connaissait si bien tous ses chemins,
qu'on lui avait barbotés, naturellement, on peut avoir
confiance en personne! Et puis on lui avait coupé sa
retraite... C'est-à-dire qu'il touchait plus sa retraite, quoi. Je
savais par ailleurs qu'il y avait des gens qui *couraient à la
retraite,* et dont on parlait avec admiration. Ben le loup il
courait plus : normal puisqu'il était assis. Enfin c'était une
histoire à la fois raisonnable et parfaitement fantastique...
Après il lui arrivait des malheurs, au loup : ·

> *Alors il a saisi dans sa gueule brûlante*
> *Du chien le plus hardi la gorge pantelante,*
> *Et n'a pas desserré ses mâchoires de fer*
> *Malgré nos coups de feu qui traversaient sa chair*
> *Et nos couteaux aigus, qui, comme des tenailles,*
> *Se croisaient en plongeant dans ses larges entrailles.*

Les *couteaux zaigus,* je savais pas ce que c'était comme
couteaux, mais les *tenailles* je connaissais bien, mon père
était tout le temps en train de récupérer des vieux clous dans
les planches, pour les faire resservir. Avec des tenailles... Je
me souviens que j'insistais beaucoup sur ce mot qui faisait
mal, j'ajoutais un geste du bras pour souligner *tenaille* — tout
le monde autour était plié, et quand j'avais fini, on me faisait
recommencer. J'étais au moins bissé une fois...
Je bous d'indignation à la pensée qu'on puisse refuser des
choses comme ça à un môme, parce que ce n'est pas dans
l'ordre logique. Le gamin se rebelle contre l'intention
blessante de la logique... Non, je suis sûr que les pédagogues
ont tort, que ce sont des gens à très courte vue. Il doit y avoir
un côté irrationnel dans la façon dont tu emmagasines des
mots. Il faut que ce soit irrationnel pour qu'ils soient vivants,
les mots, qu'ils fassent des petits. Comment veux-tu qu'ils te
reviennent à la bouche si on te les a rangés de force dans des
tiroirs cadenassés dans ta tête! C'est un profond malen-

tendu... A une époque, certains se sont mis à expliquer la
langue à l'aide d'éléments de linguistique — en sixième et en
cinquième ! Le désespoir que ça suppose, chez les enseignants, d'en arriver là !... Et plus ça rationalise, et moins les
gens veulent avaler. Plus c'est l'échec. Organisé. Il faut un
contact vocal, donc charnel, avec la langue, j'en suis intimement et fortement persuadé. Quelqu'un qui ne peut avoir
qu'une lecture distanciée ne reçoit pas un texte dans ses
fibres, et n'a sûrement pas le même processus d'intégration.
L'ancien français, ce n'est pas difficile : il faut le lire à haute
voix, surtout au début. Sinon c'est de l'hébreu, évidemment... Mais si on lit à haute voix, le sens arrive, il se produit
un raccrochage dans les sons par-dessus l'éloignement des
siècles et des dictions dont nous ne savons pas exactement ce
qu'elles étaient, et cela produit du sens. La langue du
XIIe siècle monte et s'éclaire comme une espèce de granit
roman. Une seule condition : il faut mettre de la voix
dessus !...

Je suis persuadé que si j'ai pris autant de plaisir à lire ou à
entendre certains textes à dix-neuf ou vingt ans, c'est parce
que je jonglais avec *la Mort du loup* à quatre ans et des
poussières sans y comprendre grand-chose. Il est possible
que les alexandrins de Vigny aient modelé mon inconscient,
qu'il existe un réceptacle dans mes neurones, tel que je vibre
aux douze pieds ! Ah mais !... Quand on parle des musiciens,
qui sont de famille de musiciens, etc., qu'est-ce que ça veut
dire ? On parle pas de gènes, mais du fait qu'ils ont entendu
de la musique tout le temps, dès le berceau, et même dans le
ventre de leur mère. Hein ! C'est peut-être l'avenir de la
langue française ? L'enseignement du futur... Il faudrait
déclamer des vers devant les femmes enceintes — à genoux,
pour que la voix porte à bonne hauteur...

Bibliographie
sommaire

BRANCA (Sonia), *Constitution des français scolaires au XIXe siècle,* thèse d'État, université d'Aix-en-Provence.

CAHEN (Alain), *les Jours de ma mort,* Seuil, 1983.

CAHEN (Alain), *Zig-Zag,* Seuil, 1983.

CAVANNA, *Bête et Méchant,* Belfond, 1983.

CELLARD (Jacques), « En remuant le derrière », *le Monde-Dimanche,* mai 1983.

CITRON (Pierre), « A propos des mots interdits », in *Delille est-il mort?,* ouvrage collectif, Clermont-Ferrand, G. de Bussac, 1967.

DUPART (Annie), *la Rédaction ou les Conditions d'énonciation en situation scolaire,* mémoire de maîtrise, université de Limoges, 1978.

DUPART (Annie), *Pédagogie et Enseignement du français,* thèse de 3e cycle, Paris-VII, 1982.

FOUCAMBERT (Jean), *la Manière d'être lecteur,* OCDL-Sermap.

HOUBLAIN et VINCENT, *Daniel et Valérie,* Nathan, 1964.

L'Illustration, n° 5073, 25 mai 1940.

JOUVET (Louis), *le Comédien désincarné,* Flammarion, 1954.

JOUVET (Louis), *Molière et la Comédie classique,* Gallimard, 1965.

LA CHÂTRE, *Dictionnaire universel,* 1854.

LA HARPE, *Lycée ou Cours de littérature,* Paris, Agasse, t. XII, an IX.

RIVAROL, *Discours sur l'universalité de la langue française,* Belfond, 1966.

ROUSSEAU (Jean-Jacques), *Émile ou De l'éducation,* Seuil, coll. « L'Intégrale », t. III, 1971.

SCARRON (Paul), *Poésies diverses,* Didier, 1947.

TOMATIS (A. A.), *Éducation et Dyslexie,* ESF, 1972.

VOLTAIRE, *Dictionnaire philosophique,* Paris, Lequien, t. III, 1822.

YAGUELLO (Marina), *Alice au pays du langage,* Seuil, 1981.

Table

Main basse...

IMPRIMERIE BUSSIÈRE À SAINT-AMAND (CHER)
DÉPÔT LÉGAL : OCTOBRE 1985. N° 8946 (1900)

Collection Points

SÉRIE ACTUELS

Collection Points

Collection Points

SÉRIE ROMAN

Collection Points

SÉRIE POLITIQUE

Collection Points

SÉRIE HISTOIRE